Manfred Mai

Nur Fußball im Kopf?

Arena

1. aktualisierte Auflage 2018
© 2004 Arena Verlag GmbH, Würzburg
Alle Rechte vorbehalten
Umschlagillustration und Vignetten: Ramona Wultschner
Umschlaggestaltung: Anja Götz
Gesamtherstellung: Westermann Druck Zwickau GmbH
ISBN 978-3-401-60278-3

www.arena-verlag.de

1. Kapitel

Philipp öffnete die Tür einen Spalt weit, streckte den Kopf hinaus und prüfte, ob die Luft endlich rein war. Auf leisen Sohlen schlich er durch den Flur zur Treppe. Über die zweite und sechste Stufe von oben machte er große Schritte, damit sie ihn durch ihr Knarzen nicht verraten konnten. Jetzt noch die Kellertür geräuschlos öffnen und schließen, dann hatte er es fast geschafft.

Als die Kellertreppe unter seinem Gewicht verräterisch knarrte, blieb Philipp einen Augenblick stehen und hielt die Luft an. Er lauschte nach oben, aber dort rührte sich nichts. Erleichtert stieß er die Luft aus und nahm schnell die letzten Stufen. Unten lief er auf Zehenspitzen zum Abstellraum. Dort schob er zwei Campingstühle zur Seite und holte eine grüne Sporttasche hervor. Mit ihr verließ er durch den Hintereingang das Haus und lief die paar Meter zur Garage. Das Tor war offen. Philipp schnappte sein Fahrrad und spannte die Tasche auf den Gepäckträger. Im Schutz der Ziersträucher schob er das Rad aus der Einfahrt, schwang sich auf den Sattel und radelte in gebückter Haltung davon. Erst, als er außer Sichtweite war, setzte sich Philipp auf, ließ den Lenker kurz los und schlug mit der rechten Faust gegen die linke Hand. Geschafft!

Nach dem Spiel musste er sich für seine Eltern eben eine gute Ausrede einfallen lassen. Aber was Ausreden anging, hatte Philipp inzwischen schon Routine und er wollte jetzt nicht darüber nachdenken. Im Augenblick zählte für ihn nur, dass er bei dem wichtigen Spiel gegen Reutlingen dabei sein konnte. Seine Mannschaftskameraden und der Trainer erwarteten ihn schon.

»Wo steckst du denn so lange?«, fragte Maximilian.

»Ich konnte nicht früher weg, weil meine Mutter die ganze Zeit im Flur herumgeputzt hat«, entschuldigte sich Philipp.

»Jetzt quatsch nicht noch lange rum!«, sagte Müsli und drückte Philipp Hemd, Hose und Stutzen in die Hand. Alles frisch gewaschen und gebügelt. Nach jedem Spiel nahm Müsli die Sachen seines Freundes mit nach Hause und brachte sie zum nächsten Spiel wieder mit.

Während Philipp sich umzog, sagte der Trainer: »Es ist ganz schön nervig, jedes Mal zu zittern, ob du rechtzeitig kommst. Ich werde doch mal mit deinen Eltern reden.«

Philipp schüttelte den Kopf. »Das hat keinen Zweck. Das würde alles nur noch schlimmer machen.«

Philipps Vater war früher selbst ein guter Fußballer gewesen. In seiner besten Zeit hatte er für den Freiburger SC in der Zweiten Bundesliga gespielt. Gerade als er sich einen Stammplatz in der Mannschaft erkämpft hatte, erlitt er durch ein brutales Foul eine so schwere Knieverletzung, dass er nie wieder spielen konnte. Sein linkes Bein war seit damals so gut wie steif. Über diesen Unfall war er nie richtig hinweggekommen, sein Bein erinnerte ihn ja auch jeden Tag daran. Und Philipps Mutter war seither geradezu hysterisch, was Fußball anging; sie hielt diesen Sport anscheinend für lebensgefährlich. So hatten ihm seine Eltern verboten, Fußball zu spielen, vor lauter

Angst, ihm könnte auch so etwas passieren wie seinem Vater. Philipp fand das zwar übertrieben, aber Fußball war bei ihm zu Hause nun mal ein Tabuthema. Und so blieb ihm nichts anderes übrig, als heimlich zu spielen. Das gefiel ihm natürlich nicht, aber inzwischen hatte er sich daran gewöhnt.

Zum Aufwärmen hatte er heute mal wieder keine Zeit mehr, denn schon gellte vor der Umkleidekabine ein schriller Pfiff. Der Schiedsrichter rief die beiden Mannschaften heraus.

»Also, Jungs, denkt an das, was wir besprochen haben«, sagte der Trainer. »Gleich mit Volldampf ran, um den Reutlingern schon in den ersten paar Minuten Druck zu machen. Dass wir mit drei Spitzen beginnen, wird sie völlig überraschen. Das müsst ihr ausnutzen und möglichst schnell ein Tor machen. Alles klar?«

»Alles klar!«, kam es aus 15 Jungskehlen zurück.

»Dann raus mit euch!«

Die B-Jugend des FC 07 Albstadt verließ die Kabine. Und wie immer, wenn ein schwerer Gegner auf sie wartete, versuchte Müsli, seine Mannschaftskameraden mit einem Witz aufzumuntern. »Kennt ihr den?«, fragte er. »Die Lehrerin fragt Kalle: ›Kannst du mir sagen, wo Dortmund liegt?‹ – ›Klar‹, antwortet Kalle, ›zwischen Bayern und Leipzig.‹ Gut, was?«, rief Müsli und lachte. Aber außer ihm lachte keiner. Philipp war vor den Spielen sowieso immer nicht sehr gesprächig. Er konzentrierte sich auf das, was vor ihm lag, und war froh, dass sich durch das Fahrradfahren seine Muskeln immerhin ein wenig gelockert hatten.

»Ich weiß noch einen«, sagte Müsli. »Wenn Timo Werner und Joshua Kimmich ...«

»Halt die Klappe!«, zischte Louis Ortlieb. »Merkst du nicht, dass du mit deinen dämlichen Witzen nervst?«

So eine dicke Lippe konnte Louis nur riskieren, weil sein Vater der Trainer war. Denn was Louis in letzter Zeit zusammenkickte, war nicht gerade berauschend. Jeder andere hätte nach solchen Leistungen Angst um seinen Platz in der Mannschaft haben müssen. Aber nicht Louis. Bei ihm setzte der sonst so kritische Fußballverstand seines Vaters anscheinend aus. Er konnte wochenlang schlecht spielen und wurde trotzdem immer wieder aufgestellt. Alle anderen saßen spätestens nach zwei schlechten Spielen auf der Reservebank. Und wer es wagte, den Trainer zu kritisieren, saß nicht einmal mehr dort. Deswegen murrten die meisten auch nur hinter dem Rücken des Trainers.

Maximilian gab seinen Freunden Philipp, Müsli und Lunge ein Zeichen. Die vier Musketiere, wie sie manchmal genannt wurden, weil sie zusammenhielten wie Pech und Schwefel, steckten kurz die Köpfe zusammen. »Der Louis kriegt heute keinen Ball«, flüsterte Maximilian. »Den lassen wir auf seinem linken Flügel verhungern.«

»Was gibt's denn da zu tuscheln?«, wollte der Trainer wissen.

»Wir haben gerade besprochen, dass wir den Reutlingern vier Eier ins Nest legen«, behauptete Müsli. »Maximilian eins, Flip eins, Lunge eins und ich natürlich auch eins.« Müsli grinste. »Reicht das?«

»Mach keine dummen Witze, konzentrier dich lieber auf das Spiel!«, brummte der Trainer.

Müsli legte die Stirn in Falten und kniff die Augen zusammen. »Ist es so besser?«, fragte er.

»Felix!«, rief der Trainer.

Müsli drehte sich um und murmelte ein tonloses »Leck mich doch« vor sich hin.

»Lass gut sein!«, sagte Lunge. »Das bringt doch nichts.«

»Genau«, stimmte Maximilian ihm zu und lief zum Mittelkreis. Er war Kapitän der Mannschaft und musste zur Platzwahl. Die anderen machten noch ein paar Dehnübungen. Dabei entdeckte Philipp plötzlich Samira. Sie stand zwischen Lena und Nele am Spielfeldrand. Philipp spürte sofort, wie die Schmetterlinge in seinem Bauch zu flattern begannen. Sein Herz klopfte schneller, das Blut schoss ihm in den Kopf.

Was macht denn Samira hier?, fragte er sich. *Die ist doch bis jetzt noch nie zum Fußball gekommen.* Philipp war völlig durcheinander. Er ging in die Hocke und zupfte an seinen Schuhbändern herum. Dabei schielte er unauffällig zu den Mädchen hinüber. Alle drei schauten zu ihm herüber. Philipp wurde es angenehm schwummerig.

»He, willst du Weltmeister im Schuhbinden werden?«, rief Sandro und riss Philipp damit aus seinen Gedanken.

»Wieso Weltmeister?«, fragte Philipp noch ganz abwesend.

»Sag mal, fehlt dir was?«

»Flip! Nun komm schon!«, rief Maximilian.

Philipp trabte nach vorn zum Anspielpunkt. Alle warteten nur noch auf ihn.

»Schön, dass du auch noch kommst«, sagte der Schiedsrichter verärgert und pfiff das Spiel an.

Maximilian schob den Ball zu Philipp und lief sofort los. Weil Philipp mit seinen Gedanken ganz woanders war, spielte er den Ball nicht wie üblich zu Müsli zurück, sondern blieb am Anspielpunkt stehen. Dann schlug er den Ball einfach nach vorne. Damit hatte niemand gerechnet, am wenigsten die Reutlinger Abwehrspieler. Sie waren so überrascht, dass sie einen Augenblick am Boden angewachsen zu sein schienen. Wie so oft reagierte Maximilian am schnellsten. Er rannte hinter dem Ball her und überlief dabei die gesamte Reutlinger Abwehr. Der Torwart stürzte sich Maximilian entgegen, aber der war einen Schritt eher am Ball und spitzelte ihn mit einem langen Bein am Reutlinger Torwart vorbei. Die beiden prallten zusammen, stürzten und schauten am Boden liegend zu, wie der Ball ins Tor rollte.

»Tor!«, rief Maximilian und wollte sich hochrappeln. Da kamen seine Mannschaftskameraden schon angerannt, warfen sich auf ihn und erdrückten ihn fast.

Als sie sich endlich beruhigt hatten und auf dem Weg in ihre Hälfte waren, fragte Maximilian: »Sag mal, Flip, was war denn das? So haben wir doch noch nie angefangen.«

Philipp grinste. »War aber nicht schlecht, das musst du zugeben.«

»Mich würde nur interessieren, was du dir dabei gedacht hast.«

»Beim Fußball soll man nicht so viel denken«, entgegnete Philipp und schielte zu den Mädchen hinüber.

Maximilian sah seinen Freund von der Seite an. »Mit dir stimmt doch was nicht.«

Bevor Philipp darauf antworten konnte, rief der Schiedsrichter: »Könnten die Herren ihr Gespräch bitte beenden und sich ein bisschen beeilen!«

Maximilian und Philipp liefen in ihre Hälfte und das Spiel ging weiter.

Philipp legte sich mächtig ins Zeug, denn er wollte Samira beeindrucken. Doch je mehr er sich anstrengte, desto schlechter spielte er. Seine Pässe kamen nicht an, die Bälle sprangen ihm vom Fuß und einmal spielte Müsli ihn herrlich frei, aber Philipp drosch den Ball in die Wolken. Während er anfangs noch dauernd zu Samira hinübergeschielt hatte, mied er jetzt die Richtung, in der sie stand. Am liebsten wäre er im Erdboden versunken.

»Was ist denn heute mit dir los?«, fragte der Trainer in der Halbzeitpause. »Du stolperst ja über deine eigenen Füße.«

Philipp sagte nichts, aber Maximilian verteidigte ihn. »Wenn er nicht gleich nach dem Anpfiff den genialen Pass geschlagen hätte, würden wir jetzt nicht 1:0 führen.«

»Den genialen Pass?«, fragte der Trainer spöttisch. »Dass ich nicht lache! Ein planloser Gurkenschlag war das. Wenn du nicht so schnell reagiert hättest, wäre der Ball dem Torwart in die Mütze gerollt.«

»Aber er ...«

»In der zweiten Halbzeit spielt Paul für Philipp«, unterbrach der Trainer Maximilian.

Da wurde es noch stiller in der Umkleidekabine, als es ohnehin schon war. Man spürte die Spannung, die knisternd in der Luft lag.

Philipp starrte auf seine Schuhe. Ausgewechselt! Ausgerechnet heute, wo Samira da war. So eine Schande!

Während Philipp vor sich hin grübelte, sahen sich Maximilian, Müsli und Lunge an. Es war nicht das erste Mal, dass der Trainer so hart und ungerecht reagierte. Aber diesmal traf es Philipp, ihren Freund, der sonst einer der besten Spieler der Mannschaft war. Wie so oft verstanden sie einander ohne Worte.

Maximilian schluckte und holte tief Luft: »Dann können Sie mich auch gleich auswechseln.«

»Und mich«, sagte Müsli.

»Und mich auch«, murmelte Lunge.

Die Lippen des Trainers bewegten sich, als müsse er noch einmal wiederholen, was er eben gehört hatte, um es zu begreifen. »Das ... das ist ... das ist ja Meuterei«, stammelte er. Fassungslos schüttelte er den Kopf. Dann guckte er Maximilian, Müsli und Lunge aus zusammengekniffenen Augen an und sagte gefährlich leise: »Ihr drei spielt weiter, sonst spielt ihr bei mir nie mehr!«

Ohne seine Freunde anzusehen, entgegnete Maximilian: »Wir spielen alle vier oder keiner.«

Alle wussten, dass das hier ein Machtkampf war, und das Risiko war hoch. Aus der Mannschaft fliegen wollten die vier natürlich nicht, schon gar nicht jetzt, wo sie zum ersten Mal Chancen auf die Meisterschaft hatten. Aber nun war es zu spät für einen Rückzieher.

Der Trainer bekam einen knallroten Kopf. »Was glaubt ihr eigentlich, wer ihr seid!«, schrie er. »Ihr denkt wohl, ihr könnt euch alles erlauben, nur weil ihr ein bisschen besser Fußball spielen könnt als andere. Aber bei mir nicht, merkt euch das! Bei mir gibt's keine Extrawürste!«

»Nur für Louis«, rutschte es Müsli heraus.

Da klatschte die Hand des Trainers auf Müslis Backe. Müsli wurde totenbleich und sah aus, als wollte er gleich auf den Trainer losgehen.

»Jetzt reicht's!«, sagte Lunge kurz entschlossen, stand auf und packte seine Sachen zusammen. Maximilian, Müsli und Philipp ebenfalls.

Ihre Mitspieler und der Trainer schauten ihnen sprachlos zu. Ohne noch ein Wort zu sagen, verließen die vier Musketiere die Umkleidekabine. Draußen wunderten sich die Zuschauer, warum kurz vor Beginn der zweiten Halbzeit vier Spieler im Dress und mit prallen Sporttaschen auf den Ausgang zuliefen. Auch Lena, Nele und Samira wunderten sich.

»Wo wollt ihr denn hin?«, fragte Nele.

»Wir spielen nicht mehr mit«, antwortete Maximilian.

Philipp traute sich kaum, Samira anzusehen. Nur kurz trafen sich ihre Blicke.

»Warum denn nicht?«, wollte Nele wissen.

»Frag den Trainer!«, rief Maximilian.

Dann nahmen die vier Jungs ihre Fahrräder und verschwanden.

2. Kapitel

Am Montagmorgen ging Philipp nicht wie sonst zu Fuß zur Schule und holte auf dem Weg Müsli ab. Stattdessen fuhr er mit dem Fahrrad und machte einen großen Umweg, weil er keine Lust hatte, allein mit Müsli zu sein. Der würde bestimmt wieder vom Samstag anfangen und auf den Trainer schimpfen. Davon wollte Philipp nichts hören. Auch wenn es keiner von den vieren zugeben wollte, der mögliche Rausschmiss aus der Mannschaft machte ihnen zu schaffen. Philipp freute sich zwar darüber, dass seine Freunde zu ihm gehalten hatten, aber in gewisser Weise fühlte er sich auch schuldig. Schließlich war seine miese Leistung der Auslöser für das ganze Drama gewesen. Jetzt konnte er nur hoffen, dass sich der Trainer wieder beruhigen und seine Drohung nicht wahr machen würde.

Philipps Umweg hatte aber noch einen anderen Grund. Er hoffte trotz des Ärgers vom Samstag, Samira zu treffen, hatte jedoch gleichzeitig auch ein wenig Angst davor. Als er sie dann tatsächlich von Weitem entdeckte, bremste er sofort ab, wendete und fuhr in die andere Richtung davon.

Auf dem Schulhof fragte Müsli: »Wieso bist du nicht bei mir vorbeigekommen?«

»Ich musste für meine Mutter bei einer Bekannten etwas abgeben«, log Philipp. Es gefiel ihm nicht, dass er nun auch noch seine Freunde anschwindelte. Aber er brachte es nicht fertig, Müsli zu erklären, was los war. Und von Samira wollte er schon gar nicht reden.

Müsli glaubte Philipp und hielt Ausschau nach Maximilian und Lunge. Die beiden kamen eben angefahren. Sie stellten ihre Räder ab und schlenderten über den Schulhof.

»He, ihr Meuterer!«, rief Tom ihnen entgegen.

Es hatte sich also schon herumgesprochen, was am Samstag passiert war.

»Wollt ihr nicht auch mal gegen die Lehrer meutern?«, fragte Tom.

Maximilian blieb stehen. »Warum sollten wir?«

»Na, weil die alle bescheuert sind«, meinte Tom.

»Aber nicht mehr als manche Schüler«, gab Maximilian zurück. Er konnte Tom und seine dummen Sprüche nicht ausstehen.

Tom grummelte noch etwas vor sich hin und verzog sich.

Kaum war er weg, kamen Lena und Nele an.

»Stimmt es, dass euer Trainer dem da eine geknallt hat?«, fragte Lena und zeigte auf Müsli.

»Was geht euch das an?«, fragte Müsli.

»Wieso wart ihr eigentlich bei dem Spiel?«, wollte Maximilian wissen. »Ihr interessiert euch doch nicht für Fußball.«

»Vielleicht interessieren wir uns für bestimmte Spieler«, sagte Nele.

»Wieso für die Spieler?«, fragte Lunge, der nicht gerade ein Schnelldenker war.

Nele und Lena kicherten. »Frag doch mal Flip!«

Lunge sah Philipp verwundert an.

»Wieso mich?«, fragte Philipp und hatte schon wieder einen roten Kopf.

Nele und Lena kicherten noch mehr.

»Typisch Mädchen«, brummte Lunge. »Quatschen nur dumm rum und kichern den ganzen Tag.«

»Typisch Fußballer«, gab Nele zurück. »Haben große Füße und eine hohle Birne.«

Lunge ballte die Fäuste. »Wenn du kein Mädchen wärst, würde ich dir jetzt eins auf deine Birne donnern. Dann könntest du mal hören, was hohl ist.«

»Puh!«, machte Nele. »Du kannst mich mal!«

»Das würde er bestimmt gern!«, rief Müsli den Mädchen hinterher.

»Iiiii!« Lunge tat angewidert und schüttelte sich. »Die doch nicht!«

In diesem Augenblick kam Samira auf den Schulhof.

»Die wäre mir schon lieber«, sagte Lunge und grinste.

Philipp spürte einen kleinen Stich in der Brust, aber er ließ sich nichts anmerken. Er wollte nicht, dass die anderen so über Mädchen redeten. Jedenfalls nicht über Samira. Deswegen war er froh, als die Klingel ertönte und zum Unterricht rief.

Den ganzen Vormittag konnte er nicht richtig aufpassen. Der Unterricht plätscherte an ihm vorbei und immer wieder schweiften seine Gedanken ab – nicht etwa zum Fußball und dem Streit mit dem Trainer, sondern zu Samira. Dabei spürte er jedes Mal diese kribbelnde Wärme, vom Bauch bis in den Kopf.

Samira war erst zu Beginn des Schuljahres in die Klasse gekommen. Anfangs hatte Philipp sie kaum beachtet. Erst später war ihm aufgefallen, dass sie ziemlich hübsch war. Und als sie ihn eines Morgens im Kunstunterricht angeschaut und gefragt hatte, ob er ihr einen Bleistift leihen könne, hatte er zum ersten Mal diese kribbelnde Wärme gespürt.

»Philipp!«

Philipp brauchte ein paar Sekunden, bis seine Gedanken wieder im Klassenzimmer waren.

»Philipp, kannst du bitte meine Frage wiederholen«, sagte Herr Lamparther.

Frage? Philipp hatte keine Frage gehört. Er wusste überhaupt nicht, worum es in dieser Geschichtsstunde ging.

»Was bedeutet Leibeigenschaft?«, flüsterte Maximilian hinter vorgehaltener Hand.

Herr Lamparther kam auf Philipp zu und schüttelte den Kopf. »Du warst mit deinen Gedanken wohl wieder auf dem Fußballplatz. Nun, ich weiß zwar nicht, wie gut du im Fußball bist – vielleicht verdienst du ja bald Millionen, dann brauchst du natürlich keine Geschichte und keine Kultur. Falls es mit den Millionen aber nicht klappt, wäre es nicht schlecht, wenn du wenigstens ein bisschen was gelernt hättest in der Schule.«

Normalerweise hätte Philipp das Gelaber von Herrn Lamparther nichts ausgemacht. Der hasste Fußball und meckerte deswegen immer wieder an den Fußballern in der Klasse herum. Das waren sie schon gewohnt. Aber jetzt war es anders.

Vor Samira wollte er sich nicht einfach so fertigmachen lassen. Deswegen schoss er zurück: »Was Sie uns in Geschichte erzählen, interessiert doch sowieso niemand. Nicht einmal Sara, und die spielt nicht Fußball, soviel ich weiß.«

»Das wird Folgen haben«, schnaubte Herr Lamparther. »Das verspreche ich dir!«

Philipp war nicht mehr zu bremsen. »Wieso?«, fragte er. »Ich habe nur die Wahrheit gesagt. Was vor tausend Jahren passiert ist, juckt uns doch nicht mehr.« In diesem Moment glaubte er selbst, was er sagte. Dabei fand er Geschichte eigentlich ziemlich interessant, doch Herr Lamparther hatte ihm mit seinen Sticheleien und Vorurteilen den Spaß daran verdorben.

Jetzt schnappte der Lehrer nach Luft. Dann drehte er sich um, ging zu einem Fenster und öffnete es. Während er tief durchatmete, streckten einige aus der Klasse den Daumen in die Höhe und nickten Philipp anerkennend zu. Von ihm hatten sie so einen Ausbruch nicht erwartet, darum hatten seine Worte viel mehr Bedeutung als zum Beispiel die von Tom, der ständig rummeckerte.

»Jetzt reicht's aber«, flüsterte Maximilian seinem Freund ins Ohr. »Der ist ja völlig k.o.«

Alle beobachteten Herrn Lamparther. Es dauerte eine ganze Weile, bis er das Fenster schloss. Er sagte keinen Ton, ging zur Tafel, nahm eine Kreide und begann zu schreiben: *Leibeigenschaft = persönliche Abhängigkeit von einem Herrn. Das heißt, Leibeigene gehören einem Herrn, sie können verkauft werden wie Tiere oder Sachen.*

Die Mädchen und Jungs schrieben den Text ab und waren froh, dass sie etwas zu tun hatten. Es war ihnen ein bisschen peinlich, den Lehrer so fassungslos zu sehen.

Noch während sie schrieben, sagte Herr Lamparther: »Für die Abschaffung der Leibeigenschaft haben viele Menschen jahrhundertelang gekämpft und viele haben dabei ihr Leben gelassen. Wenn es diese Menschen nicht gegeben hätte, würden wir heute nicht in einem freien Land leben. Dass man so viele Freiheiten und Rechte hat wie wir, ist nämlich nicht selbstverständlich. Auch wenn es für euch so scheinen mag. Um das nicht zu vergessen, ist ein Blick in die Geschichte notwendig. Aber das begreifen manche eben nicht.«

In die letzten Worte hinein ertönte die Pausenklingel. Herr Lamparther packte seine Sachen zusammen und trug das Thema der Stunde ins Klassenbuch ein.

Üblicherweise standen die ersten Schüler mit der Pausenklingel auf. Aber jetzt blieben alle sitzen. Es wurde auch nicht geredet, nicht einmal getuschelt. Alle schienen auf etwas zu warten. Am meisten gespannt war Philipp. Er ließ Herrn Lamparther nicht aus den Augen. Als der dann das Klassenbuch zuklappte und aufstand, senkte Philipp den Kopf. Herr Lamparther nahm seine Tasche und verließ wortlos das Klassenzimmer.

Kaum war er draußen, ging es in der Klasse rund. Philipp wurde gelobt, bewundert und gefeiert wie ein Held. Alle fanden es toll, dass er Herrn Lamparther endlich einmal die Meinung gesagt hatte. Das tat ihm natürlich gut und er genoss die Anerkennung. Aber irgendwo ganz tief drinnen nagte ein kleiner Zweifel. War es wirklich richtig gewesen, so zu reagieren? Immerhin hatte Herr Lamparther am Schluss die besseren Argumente gehabt. In all dem Stimmengewirr und zwischen den vielen Gesichtern sah Philipp plötzlich die lächelnde Samira. Was auch immer sie über die Geschichte dachte, offenbar war sie auf seiner Seite.

3. Kapitel

Am Dienstag um halb sechs stand Training auf dem Programm. Eigentlich wollten Müsli, Philipp, Maximilian und Lunge nicht hingehen. Aber der Trainer hatte bei Müsli angerufen und ihn gebeten, mit seinen Freunden ins Training zu kommen. Er wollte mit ihnen und der Mannschaft reden. Müsli war dafür, ihn auflaufen zu lassen.

»Das wäre feige«, meinte Lunge, »wenn er doch extra angerufen hat.«

»Hast du schon vergessen, was am Samstag passiert ist?«

»Natürlich nicht«, antwortete Lunge. »Vielleicht will er sich dafür entschuldigen. Außerdem muss es doch irgendwie weitergehen.«

»Entschuldigen? Der?« Müsli schüttelte den Kopf. »Da kennst du ihn aber schlecht. Eher wird sein Louis Nationalspieler.«

»Das werden wir ja sehen«, mischte sich Maximilian ein, der wie immer der Vernünftigste von allen war. »Wenn er mit uns reden will, sollten wir uns wenigstens anhören, was er zu sagen hat. Und falls uns das nicht passt, können wir immer noch verschwinden.«

Lunge und Philipp nickten.

Keiner von ihnen wollte es offen eingestehen, aber insgeheim hofften sie alle auf eine Versöhnung mit dem Trainer.

Mit dem Fußball aufhören zu müssen, ausgerechnet jetzt, wo sie endlich einmal Erfolg hatten, konnten sie sich nicht vorstellen.

»Also gut«, grummelte Müsli. »Wenn ihr unbedingt wollt.« Er holte seine und Philipps Trainingssachen, dann fuhren sie zum Sportplatz.

Dort liefen die Eifrigsten schon über das Spielfeld. Sandro, Damir, Paul, Maxim und Plattfuß waren in der Umkleidekabine.

»Hallo!«, sagte Sandro. »Ich hätte nicht gedacht, dass ihr heute kommt.«

»Ich auch nicht«, brummte Müsli und ging zu seinem Platz. Danach fiel kein Wort mehr, während sie sich umzogen, aber die Spannung im Raum war deutlich zu spüren. Schließlich wussten auch die anderen, dass die Mannschaft ohne die vier Musketiere nur halb so viel wert war. Das hatte sich gegen Reutlingen deutlich gezeigt: Nach der 1:0-Pausenführung hatte es noch eine 1:4-Niederlage gegeben.

Als alle draußen auf dem Platz waren, tauchte auch der Trainer auf. »Kommt bitte mal her!«, rief er und setzte sich auf den Rasen.

Die Jungs setzten sich im Halbkreis dazu.

»Also«, begann der Trainer und räusperte sich, »also ... ich muss euch etwas sagen. Ihr wisst, dass ich während eines Spiels immer ziemlich nervös bin. Und am Samstag war ich vielleicht besonders nervös, weil wir gegen Reutlingen möglichst gewinnen mussten, wenn wir Meister werden wollen. Wenn dann in so einem wichtigen Spiel einer unserer Besten unerklärlich schwach spielt und drei andere ...« Der Trainer fuhr sich mit der Hand durchs Haar.

»Ach was, ich will gar nicht mehr lange drum herumreden: Was am Samstag passiert ist, tut mir leid.« Er schaute Müsli an. »Ich möchte mich bei dir entschuldigen.«

Jetzt richteten sich alle Augen auf Müsli. Der nickte, auch wenn er nicht wusste, ob das überhaupt angebracht war.

»Ich hoffe, die Sache ist damit aus der Welt«, sagte der Trainer erleichtert. »Und jetzt laufen wir uns erst mal ein bisschen warm. Eine Runde ohne Ball, die zweite mit Ball.«

Die Jungs joggten gemächlich um den Platz, als letzte Müsli und Lunge.

»Na, was hab ich gesagt?«, fragte Lunge.

»Jaja, du bist ein Hellseher.« Müsli legte einen Zahn zu. Er war immer noch sauer, weil seine Freunde ihn zum Mitkommen überredet hatten und weil er, was den Trainer anging, so danebengelegen hatte. Vor allem ärgerte ihn, dass nun alle so taten, als wäre die Sache mit der Entschuldigung erledigt. Für ihn war sie das ganz und gar nicht.

Nach der ersten Runde rief der Trainer: »Jetzt schnappt sich jeder einen Ball!«

Mit dem Ball am Fuß machte die Sache schon mehr Spaß. Einige führten den Ball sehr eng, andere kickten ihn einfach nach vorn und liefen ihm hinterher. Ein paar versuchten während des Laufens ein paar Tricks. Maximilian schaffte es sogar, den Ball auf dem Kopf tanzen zu lassen.

»So, jetzt laufen alle in einer Reihe mit etwa zwei Metern Abstand!«, rief der Trainer. »Wenn ich pfeife, startet der Letzte zu einem Slalomlauf.«

»Mit Ball?«, wollte Damir wissen.

»Mit Ball«, antwortete der Trainer und pfiff. Lunge startete und umkurvte einen nach dem anderen. Wieder ein Pfiff. Jetzt war Müsli dran. Er lief so eng an den anderen vorbei, dass ein paar seine Ellbogen zu spüren bekamen.

»He, spinnst du!«, beschwerte sich Plattfuß.

Aber das war Müsli egal. Er wollte unbedingt Lunge einholen und er schaffte es. »Na los, du Schnecke!«, stichelte er. »Beweg dich oder geh aus dem Weg!«

»Du hast wohl zu viel Müsli gefuttert!«, rief Lunge zurück.

Normalerweise duldete der Trainer nicht, dass während der Übungen geredet wurde. Doch diesmal sagte er nichts. Er war auch nicht so streng wie sonst. Und als Plattfuß beim Spurt über das halbe Spielfeld weit nach allen anderen ankam, sagte er schmunzelnd: »Mensch, Luca! Du läufst wirklich, als ob du 'nen Plattfuß hättest.«

Wenn die anderen nicht so ausgepumpt gewesen wären, hätten sie bestimmt wieder Witze über Plattfuß' Laufstil gemacht.

»Es ist eben nicht jeder ein Supersprinter«, keuchte Plattfuß.

»Genau«, stimmte ihm Tomate zu, der auch nicht gerade ein Laufwunder war.

»Schon gut«, lenkte der Trainer ein. »Dafür habt ihr andere Qualitäten.«

»Die möchte ich gern mal sehen«, neckte der Blitz aus Bitz die beiden.

»Wenn ich aus Bitz wäre, würde ich lieber den Mund halten«, gab Plattfuß zurück. »Dort machen sie das Licht ja noch mit dem Hammer aus.«

»Und bei euch ...«

Der Trainer stieß einen schrillen Pfiff aus und beendete die Auseinandersetzung. »Ihr habt anscheinend noch so viel Luft, dass wir noch ein paar Sprints machen können.« Die Jungs stöhnten und stellten sich halb tot. Aber das half ihnen nichts.

»Wir müssen noch härter trainieren als bisher«, sagte der Trainer jetzt in ernsterem Ton. »Nach der Niederlage gegen Reutlingen dürfen wir kein Spiel mehr verlieren. Sonst ist es aus mit der Meisterschaft. Also los, stellt euch auf!« Er hetzte die Jungs viermal über den Platz: laufen – spurten – laufen – spurten – laufen – spurten. Am Ende lagen sie völlig erschöpft auf dem Rasen. Sogar Lunge war total platt, und das kam nicht oft vor.

»Ihr dürft euch nach ein paar Sprints nicht hinlegen«, sagte der Trainer. »Das ist völlig falsch. Ihr müsst locker auslaufen und dabei richtig atmen. Also hoch mit euch!«

Murrend rafften sich die ersten auf.

»Jetzt lässt er uns die Entschuldigung büßen«, murmelte Müsli. Er war immer noch sauer.

»Quatsch«, sagte Maximilian nur. Zu mehr Worten fehlte ihm die Luft.

»Kommt! Kommt!« Der Trainer klatschte in die Hände. »Hoch mit den Hintern! Und dann ganz locker laufen. Dabei Arme und Beine ausschütteln. Das ist wichtig für die Muskulatur.«

Nach einer Runde gab es noch eine Viertelstunde Gymnastikübungen. Auch davon waren die Jungs nicht begeistert.

»Ich will doch kein Turner werden«, meckerte Müsli.

Der Trainer überhörte die Bemerkung und erklärte die

nächste Übung. »Jeder sucht sich einen Partner. Die beiden stellen sich Rücken an Rücken und haken sich mit den Armen ein. Dann hebt einer den anderen hoch wie einen Sack.«

Schnell bildeten sich die üblichen Pärchen. Und wie meistens bei einer ungeraden Zahl blieb Louis übrig. Also musste er die Übung mit seinem Vater machen.

»He, du brichst mir ja das Kreuz!«, rief Niklas, den Tomate kräftig schüttelte.

»Nicht so wild«, mahnte der Trainer. Aber bei dieser Übung hatte seine Ermahnung keinen Wert. Die Jungs schüttelten sich gegenseitig so wild durch, dass die Geschüttelten jammerten, ächzten und stöhnten, als lägen sie auf einer Folterbank.

»Das reicht«, sagte der Trainer.

»Mir reicht's schon lange«, brummte Müsli. Dann flüsterte er mit Maximilian.

»Hört mal zu, ihr zwei«, sagte der Trainer. »Ich merke schon die ganze Zeit, dass ihr hinter meinem Rücken tuschelt. Wenn euch etwas nicht passt, dann sagt es gefälligst laut. Ich habe mich für das, was am Samstag passiert ist, entschuldigt. Mehr kann ich nicht tun. Wenn euch das nicht genügt, kann ich auch aufhören. Ich muss euch nicht trainieren. Ich kann meine Freizeit auch anders verbringen.«

Maximilian und Müsli guckten den Trainer überrascht an. »Er hat nur zu mir gesagt, dass das Training heute ziemlich hart ist«, versuchte Maximilian einzulenken. »Mit Samstag hat das gar nichts zu tun.«

»Okay«, sagte der Trainer. »Und wenn wir schon dabei sind, muss noch etwas geklärt werden.« Er machte eine kleine Pause. »Solange ich euch trainiere, stelle ich die Mannschaft auf. Und ich wechsle aus und ein, wie ich es für richtig halte.« Er schaute Maximilian, Müsli, Philipp und Lunge der Reihe nach an. »Wenn ihr vier euch noch mal so verhaltet wie am Samstag, spielt ihr in dieser Runde nicht mehr. Auch wenn wir dann die Meisterschaft abschreiben können.«

4. Kapitel

Philipp saß über den Hausaufgaben. Die Englischvokabeln hatte er abgeschrieben und übersetzt. Jetzt lag das Mathebuch vor ihm. Er las die erste Aufgabe schon zum fünften Mal. »So eine Scheiße!«, schimpfte er und knallte das Mathebuch auf sein Bett, nahm die Fernbedienung für seinen CD-Player und stellte die Musik lauter.

Schreib ich die Aufgaben eben morgen von Maxi ab, dachte er. *Aber Deutsch muss ich noch machen. Unbedingt.*

Philipp kramte das Lesebuch aus seiner Schultasche, schlug die Seite 65 auf und las das Gedicht.

Ich sehe dich in tausend Bildern

Ich sehe dich in tausend Bildern,
Maria, lieblich ausgedrückt,
Doch keins von allen kann dich schildern,
Wie meine Seele dich erblickt.

Ich weiß nur, dass der Welt Getümmel
Seitdem mir wie ein Traum verweht
Und ein unnennbar süßer Himmel
Mir ewig im Gemüte steht.

Novalis

Philipp hob den Kopf und schaute zum Fenster hinaus. Draußen tänzelten die Birkenblätter, aber Philipp sah sie nicht. Sein Blick ging durch die Blätter hindurch, vor seinem inneren Auge tauchte Samira auf. Sie lächelte ihn an und er ließ sich in das angenehme Gefühl fallen.

Plötzlich ging die Tür auf. »Du sollst die Musik leiser machen!«, verlangte Philipps kleine Schwester Emilie.

»Raus!«, rief Philipp.

»Das hat Mama aber gesagt.«

»Verpiss dich!«

»Das sag ich der Mama«, beschwerte sich Emilie und verzog sich.

Philipp warf einen Radierer hinter ihr her. Der Radierer prallte von der offenen Schranktür zurück und traf Philipp am Hinterkopf.

»Ganz schön beknackt«, brummte Philipp. Und es war nicht klar, ob er damit seine Schwester, den Radierer oder vielleicht sogar sich selbst meinte.

Nachdem Emilie ihn aus seinen schönen Gedanken gerissen hatte, las Philipp noch einmal das Gedicht. Doch bevor er den ersten Satz dazu schreiben konnte, kam seine Mutter herein. »Philipp, wie oft habe ich dir schon gesagt, du sollst nicht immer so grob zu deiner Schwester sein!«

Philipp verdrehte die Augen. »Wie soll hier ein Mensch etwas zu einem Gedicht schreiben können?«

»Mach erst mal die Musik leiser! Man versteht ja sein eigenes Wort nicht.«

»Ich will mich auch nicht unterhalten«, sagte Philipp patzig.

»So kann man keine Hausaufgaben machen«, meinte die Mutter.

»Ich schon!«

»Philipp!«

»Ihr seid schuld, dass ich keine Hausaufgaben machen kann«, meckerte Philipp. »Nicht die Musik.«

»Ich hab dir schon hundertmal gesagt ...«

Philipp hielt sich die Ohren zu. Was er schon hundertmal gehört hatte, wollte er nicht noch einmal hören. Er saß eine Weile mit den Händen auf den Ohren da. Dann drehte er langsam den Kopf – seine Mutter war weg.

Philipp machte die Musik leiser und las das Gedicht zum dritten Mal. Aber jetzt hatte es nicht mehr die Wirkung wie beim ersten Mal. Jetzt war die Stimmung ruiniert. Und in dieser ruinierten Stimmung konnte er zu dem Gedicht nichts schreiben. Keinen einzigen Satz. Er würde es heute Abend noch mal versuchen. Vielleicht hatte er dann mehr Glück und vor allem mehr Ruhe!

Philipp stand auf und ging aus dem Zimmer. Auf dem Weg in die Garage kam ihm seine Mutter entgegen. »Wo willst du hin?«

»Zu Maxi.«

»Nicht bevor du mit den Hausaufgaben fertig bist.«

»Ich will ja mit Maxi Mathe lernen, weil ich es überhaupt nicht verstehe«, erwiderte Philipp.

»Und wo hast du deine Mathesachen?«

»Brauch ich nicht«, brummte Philipp und ging an seiner Mutter vorbei. Die schüttelte resignierend den Kopf.

Philipp schwang sich auf sein Fahrrad und fuhr mit einem Affenzahn davon. Erst, als er sich dem Haus von Samira näherte, drosselte er das Tempo.

Aber von Samira war nichts zu sehen.

Er beschleunigte wieder, radelte um den kleinen Häuserblock herum und fuhr ganz langsam an Samiras Haus vorbei. Das wiederholte sich siebenmal. Bei der achten Runde tauchten plötzlich Maximilian und Lunge vor Philipp auf.

»Sag mal, trainierst du für die Tour de France?«, fragte Maximilian.

»Quatsch«, knurrte Philipp.

»Warum fährst du dann wie ein Verrückter im Kreis herum?«, wollte Lunge wissen.

»Tu ich ja gar nicht.«

»Klar tust du das«, sagte Lunge. »Du bist mindestens zehnmal um den Block gefahren. Wir haben dich nämlich beobachtet.«

»Ach so, ihr spioniert mir nach«, empörte sich Philipp.

»Quatsch«, sagte jetzt Maximilian. »Wir wollten dich zu Hause abholen und haben dich zufällig wegfahren sehen. Wir sind heimlich hinter dir hergefahren, bis wir gemerkt haben, dass du immer um den Block kurvst.«

»Ist das vielleicht verboten?«

»Nö, verboten nicht, aber ziemlich komisch«, meinte Lunge.

»Das ist doch wohl meine Sache, wo ich Fahrrad fahre«, entgegnete Philipp mürrisch. »Oder muss ich euch vorher um Erlaubnis fragen?«

»Komm!«, sagte Maximilian zu Lunge. »Mit dem kann man heute nicht reden. Der tickt nicht ganz richtig.«

»Pass nur auf, dass du richtig tickst!«, gab Philipp zurück.

Maximilian und Lunge fuhren davon.

»Wir sind bei Müsli!«, rief Maximilian noch über die Schulter. »Wenn du wieder normal bist, kannst du kommen!«

»Leck mich doch am Arsch!«, rief Philipp.
»Aber, aber«, sagte ein Mann, der im Garten arbeitete.
»So etwas sagt man doch nicht.«
Philipp setzte sich auf sein Rad.
»Und du auch!«, zischte er.
»Unverschämter Bengel!«, schimpfte der Mann und hob seine Harke. »Wenn ich dich erwische!«
Aber Philipp war schon weg. Er trat kräftig in die Pedale – bis er Samira erblickte. Sie kam mit einem schweren Einkaufskorb die Straße entlang.
Philipp fuhr langsamer.
Sie hat mich schon gesehen, dachte er. *Was soll ich jetzt tun? Was soll ich sagen?*
»Hallo!«, sagte Samira.
»Hallo!«, sagte auch Philipp.
»Was machst du denn hier?«
»Och, ich fahre einfach ein wenig durch die Gegend«, behauptete Philipp.
Samira stellte den Einkaufskorb ab.
»Schwer, was?«, fragte Philipp.
Samira nickte.
»Du kannst den Korb auf meinen Gepäckträger stellen – wenn du willst«, fügte Philipp schnell hinzu.
Samira schaute Philipp an und schien kurz zu überlegen.
Dann hob sie den Korb auf den Gepäckträger. Philipp schob das Rad. Samira ging auf der anderen Seite und hielt den Korb fest. Philipp lächelte sie an, Samira lächelte zurück. »Find ich nett von dir, dass du mir den Korb nach Hause fährst.«
»Mach ich doch gern«, sagte Philipp.

Dann schwiegen beide eine Weile.

»Stimmt es, dass euer Trainer Müsli eine geknallt hat?«, fragte Samira.

»Mhm«, machte Philipp.

»Warum?«

Philipp erzählte die ganze Geschichte. Obwohl ihm der Teil, in dem es um seine Auswechslung ging, ziemlich peinlich war.

»Find ich echt super von euch, dass ihr so zusammenhaltet«, sagte Samira.

»Mhm«, machte Philipp wieder.

»Lässt euch der Trainer denn beim nächsten Spiel überhaupt mitspielen?«

»Klar«, antwortete Philipp. »Ohne uns vier gewinnen die doch kein Spiel.«

»Angeber«, sagte Samira.

Philipp wurde es heiß. Er spürte, wie er einen roten Kopf bekam, und schaute zu Boden.

»Spielt ihr am Samstag wieder?«, fragte Samira.

Philipp nickte.

»Dann schaue ich euch wieder zu.«

Philipp drehte den Kopf und guckte Samira an. Ihm wurde ganz schwummerig.

»Pass auf, du fährst gegen das Auto!«

Philipp zuckte zusammen und stolperte über den Bordstein. Samira konnte ihren Korb gerade noch vor dem Absturz retten.

»Es ist wohl besser, wenn ich den Korb wieder trage.«

»'tschuldige«, murmelte Philipp.

»Ich bin ja sowieso gleich da«, sagte Samira.

»Schade«, rutschte es Philipp heraus.

Samira sah ihm direkt in die Augen. Ein paar Meter weiter blieb sie stehen.

»Hier wohne ich«, sagte sie.

»Ich weiß.« Auch das rutschte Philipp einfach so raus.

»Also dann, tschüss«, sagte Samira.

»Äh ... äh ... du kannst am Samstag nicht zum Spiel kommen«, stotterte Philipp. »Wir spielen nämlich in Tübingen.«

»Schade«, sagte Samira.

»Aber übernächsten Samstag spielen wir wieder hier«, sagte Philipp schnell.

»Dann schaue ich euch da zu«, versprach Samira und ging ins Haus.

Philipp schob sein Rad noch ein Stück weiter, bis ihm klar wurde, dass er jetzt wieder fahren konnte.

5. Kapitel

Am Samstagnachmittag kurz vor zwei traf sich die Mannschaft beim Klubhaus. Philipp war diesmal rechtzeitig da – er wollte dem Trainer und vor allem auch seinen Freunden nicht schon wieder einen Grund liefern, sauer auf ihn zu sein. So kam ausnahmsweise Plattfuß als Letzter. »Ich hab mein Duschzeug vergessen«, entschuldigte er sich.

»Du würdest sogar deinen Hintern vergessen, wenn er nicht angewachsen wäre«, sagte der Trainer.

»Ich bin sonst ...«

»Schon gut«, unterbrach ihn der Trainer. »Steig ein, damit wir endlich losfahren können!«

Müsli setzte sich neben seinen Vater. Philipp, Maximilian und Lunge quetschten sich auf die Rückbank des alten Opel. Louis, Paul und Tomate fuhren beim Trainer mit. Der Rest stieg in den Kleinbus von Sandros Vater.

Der Trainer fuhr vorneweg. Dahinter kam der Kleinbus und der Opel bildete das Schlusslicht. Sie fuhren noch keine fünf Minuten, da tippte Maximilian Müsli auf die Schulter und gab ihm zu verstehen, er solle das Radio einschalten. Philipp war das recht, denn er hatte keine große Lust, mit den anderen zu reden, er wollte lieber vor sich hin träumen. Auch Müsli nickte, drehte am Ein-Aus-Knopf und schon ertönte Blasmusik. Maximilian rollte die Augen und tat so, als müsse er sich gleich übergeben. Müslis Vater sah im Rückspiegel, was Maximilian für Grimassen schnitt, und sagte: »Na, so schlimm ist Blasmusik auch wieder nicht.«

Maximilian wurde rot. Doch Müsli kam ihm zu Hilfe. »Bei Blasmusik kommt mir immer mein Frühstücksmüsli hoch.«

»Und ich kriege Kopfschmerzen«, murmelte Lunge.

»Na, na, jetzt übertreibt ihr aber ganz gewaltig«, meinte Müslis Vater. »An Blasmusik ist noch keiner gestorben.«

»Da wäre ich nicht so sicher«, sagte Lunge.

Inzwischen suchte Müsli einen anderen Sender.

»Stopp!«, rief Lunge, als er die ersten Töne seines Lieblingssongs hörte.

Jetzt verzog Müslis Vater das Gesicht. Aber er sagte nichts. Jedenfalls nicht gleich. Erst nach einer Viertelstunde brummte er: »Und das soll Musik sein?« Er schaltete das Radio aus. »Da wird man ja ganz dumm im Kopf.«

Während die vier versuchten, Müslis Vater umzustimmen, merkten sie, dass der Motor stotterte.

»Was ist denn los?«, fragte Müsli.

»Keine Ahnung«, antwortete sein Vater. Er schaltete zurück und trat aufs Gaspedal. Aber der Opel beschleunigte nicht. Im Gegenteil, er wurde immer langsamer und blieb schließlich stehen. Müslis Vater versuchte, den Opel wieder in Gang zu bringen. Er stotterte und stotterte, aber der Motor sprang nicht an.

»Hör auf«, sagte Müsli, »sonst wird die Batterie noch leer. Dann sitzen wir hier fest.«

Sein Vater stieg aus und öffnete die Motorhaube. »Hm«, machte er und kratzte sich am Kopf.

»Was machen wir, wenn die alte Karre nicht mehr fährt?«, fragte Lunge.

»Keine Angst«, beruhigte ihn Müsli. »Bis jetzt haben wir sie noch jedes Mal wieder flottgekriegt.« Er ging hinaus zu seinem Vater.

»Da bin ich aber gespannt«, sagte Philipp und schaute auf die Uhr. Er war nervös. Nicht nur wegen des Trainers, der sicher einen Anfall kriegen würde, wenn sie alle vier zu spät kamen, sondern vielmehr, weil das Spiel gegen Tübingen so wichtig war.

Maximilian, der in der Mitte der Rückbank saß, versuchte, sich ein wenig Platz zu verschaffen.

»He, mach dich nicht so breit!«, meckerte Lunge.

»Breit?«, fragte Maximilian. »Ich komme mir vor wie eine Sardine in der Dose.«

»Meinst du, wir haben mehr Platz?«

»Dann steig doch mal aus!«, sagte Maximilian. »Langsam wird hier drin nämlich der Sauerstoff knapp.«

Die drei verließen das Auto und beugten sich über den Motor.

Lunge tippte Müsli an. »Warum läuft die Kiste nicht?«

Müsli zuckte mit den Schultern. Er war an solche Geschichten gewöhnt – die alte Karre blieb öfter mal stehen, aber sein Vater bekam sie meistens schnell wieder flott.

»Vielleicht hat er kein Benzin«, flüsterte Philipp.

»Kein Benzin«, brummte Müslis Vater gereizt. »Dass ich nicht lache. Setzt euch lieber wieder rein und nervt mich nicht mit dummen Sprüchen!«

Die drei zogen sich zurück und beobachteten aus sicherer Entfernung, wie Müslis Vater mal unter dem Auto lag, mal beinahe im Motorraum verschwand. Dabei wurde er immer schmutziger und gereizter.

Als Müsli nach 20 Minuten ganz vorsichtig fragte:

»Papa, schaffst du's?«, da explodierte er. Er brüllte, tobte und fluchte und fast sah es so aus, als wollte er das Auto mit dem Werkzeug demolieren. Philipp, Maximilian und Lunge erschraken. So hatten sie Müslis Vater noch nie erlebt. Müsli wurde blass und sagte keinen Ton. Er schien sich für seinen Vater zu schämen.

Als der sich wieder einigermaßen beruhigt hatte, wischte er die Hände ab und griff in seine Taschen. »Verdammt, wo ist denn mein Handy?« Er schaute im Wagen nach, konnte es aber nicht finden. »Gebt mir mal ein Handy!«

Müsli besaß keins und die anderen hatten ihre nicht dabei.

»Seit man in Balingen zwei Handys aus der Umkleidekabine geklaut hat, nehmen wir unsere zu Auswärtsspielen nicht mehr mit«, sagte Maximilian.

»Eigentlich vernünftig«, brummte Müslis Vater. Er griff noch mal alle Taschen ab, suchte erneut im Wagen – vergeblich. »Wir müssen ein Auto stoppen, sonst kommt ihr nicht rechtzeitig zum Spiel.«

»Aber wir ...«

»Nun macht schon!«, schnitt ihm sein Vater das Wort ab.

Die Jungs holten ihre Taschen aus dem Kofferraum, stellten sich an den Straßenrand und hielten die Daumen hoch.

Das erste Auto fuhr vorbei, das zweite und das dritte ebenso.

»He!«, schrie Lunge hinter dem vierten her. »Warum hältst du nicht an, du Idiot! Wir müssen nach Tübingen zum Fußball!«

Philipp schaute auf die Uhr und murmelte: »Wir schaffen es nicht.« Er sah die anderen schon planlos gegen Tübingen herumkicken und den so wichtigen Sieg konnten sie vergessen.

»Wir schaffen es«, sagte Maximilian, stellte sich ein Stück weiter in die Straße hinein und hielt die Hand hoch. Die Autofahrerin hupte, bremste kurz und rauschte knapp an Maximilian vorbei.

»Spinnst du!«, rief Müsli und zog Maximilian zurück. »Die hätte dich beinahe überfahren!«

»Seid ihr denn verrückt!«, schimpfte Müslis Vater. »Los, geht von der Straße runter!« Er stellte sich selbst an den Straßenrand, aber auch an ihm brausten die Autos vorbei. »Verdammt noch mal!«, knurrte er. »Warum hält denn keiner?«

»Beim nächsten stellen wir uns alle vier mitten auf die Straße«, schlug Lunge vor. »Dann muss er anhalten.«

»Das werdet ihr schön bleiben lassen«, sagte Müslis Vater und machte selbst zwei Schritte zur Straßenmitte. Dann winkte er dem herankommenden VW-Transporter wie wild zu, sodass der Fahrer fast nicht vorbeifahren konnte. Tatsächlich blieb er stehen und kurbelte die Scheibe runter.

Müslis Vater erzählte ihm kurz, worum es ging.

»Klar nehme ich die Jungs mit«, sagte der Mann. »Ehrensache. Ich bin selbst ein alter Fußballer. Los, rein mit euch!«

Müslis Vater bedankte sich und öffnete die Schiebetür des VW-Transporters. Die Jungs stiegen schnell ein.

»Ich komme nach, sobald ich kann.«

Der Mann fuhr los und begann sofort zu reden. »So, so, ihr seid also Fußballer. Das freut mich. Wisst ihr, als ich so alt war wie ihr, war alles anders. Wir sind damals noch mit dem Fahrrad zu Auswärtsspielen gefahren. Ja, das waren noch Zeiten.«

Während der Mann wortreich von seiner Jugend erzählte, flüsterte Müsli: »Los, wir ziehen uns schon mal um.« Die anderen guckten ihn mit großen Augen an. Doch Müsli knöpfte schon sein Hemd auf. »Na los, so gewinnen wir ein paar Minuten.«

»Klar«, sagte Maximilian, »das ist eine gute Idee.«

»Ich habe nur gute Ideen«, prahlte Müsli. »Hast du das noch nicht gewusst?«

Jetzt, wo die Sache einigermaßen geregelt schien, war er wieder ganz der Alte.

»Nö, das ist mir völlig neu«, sagte Maximilian und grinste.

»Quatscht nicht rum, zieht euch lieber um!«, brummte Lunge. »Wir kommen sowieso zu spät.«

Als der Mann im Rückspiegel entdeckte, was sich hinter ihm abspielte, unterbrach er die Erzählung aus seiner Jugendzeit.

»He, was macht ihr denn da? Striptease oder was?«

»Wir ziehen uns um, weil wir so spät dran sind«, antwortete Müsli.

Und Maximilian fügte noch hinzu: »Könnten Sie nicht ein bisschen schneller fahren?«

»Ich bin doch nicht Sebastian Vettel«, entgegnete der Mann.

Müsli warf einen Blick auf den Tachometer. »Sie fahren ja nicht mal 80 und 100 sind erlaubt.«

»Das mag sein«, sagte der Mann. »Aber mein Wahlspruch lautet: ›Wer langsam tut, kommt auch ans Ziel.‹ Und damit bin ich seit 39 Jahren gut gefahren.«

Maximilian verdrehte die Augen und flüsterte: »Genau wie mein Alter.«

»Pssst«, machte Philipp. »Sonst fährt er noch langsamer.«

Während sich die vier Jungs weiter umzogen, stand der Trainer vor dem Sportplatz des SV Tübingen und versuchte verzweifelt, einen von ihnen zu erreichen. Aber nur Maximilians Mutter meldete sich; Maximilians Handy lag nämlich daheim auf dem Wohnzimmertisch. Sie konnte dem Trainer allerdings auch nicht weiterhelfen.

»Verdammt noch mal«, schimpfte er. »Immer gibt es Ärger mit den vieren.«

In diesem Augenblick pfiff der Schiedsrichter die Mannschaften aus den Kabinen. Der Trainer machte noch einmal den Hals lang, aber kein Opel kam angefahren. Da lief er zum Schiedsrichter und erzählte ihm, dass vier Spieler seiner Mannschaft noch nicht eingetroffen seien.

»Vielleicht gab es einen Stau oder sie haben sich verfahren. Aber sie kommen bestimmt, sie waren ja direkt hinter uns.«

»Also gut, fünf Minuten warte ich noch«, sagte der Schiedsrichter. »Aber dann muss ich das Spiel anpfeifen. Wenn dann nicht mindestens acht Spieler von euch auf dem Spielfeld stehen, habt ihr verloren.«

Der Trainer lief in die Kabine. Dort standen und saßen die Jungs ziemlich ratlos herum.

»Wir müssen den Anpfiff so lange wie möglich hinauszögern«, sagte der Trainer. »Irgendwann müssen sie ja kommen.«

»Und wenn sie einen Unfall hatten?«, fragte Sandro.

»Nun mal nicht gleich den Teufel an die Wand!« Der Trainer überlegte. »Wenn wir mit elf Mann beginnen und die vier einwechseln, wenn sie kommen, können wir anschließend nicht mehr auswechseln. Das ist schlecht. Also dürfen wir nur mit zehn Mann beginnen, damit wir wenigstens noch einmal auswechseln können.«

Den Gesichtern der Jungs sah man an, dass die meisten den Gedanken ihres Trainers nicht folgen konnten.

»Das verstehe ich nicht«, murmelte Plattfuß.

»Ist doch ganz einfach«, sagte der Trainer. »Wir dürfen insgesamt nur vier Spieler auswechseln. Wenn wir mit zehn Mann beginnen und die vier kommen, ist einer von ihnen der elfte. Dann müssen wir nur die anderen drei auswechseln und können später noch einen vierten einwechseln, falls es nötig sein sollte.«

»Genial«, sagte Paul tief beeindruckt.

»Und wenn sie nicht kommen?«, fragte Sandro.

»Dann wird es schwer«, antwortete der Trainer. »Egal, ob wir mit zehn oder mit elf Mann spielen.«

»Und wie fangen wir an?«, wollte Louis wissen.

»Die Hintermannschaft spielt wie geplant. Im Mittelfeld spielen Paul, Luca und Niklas. Und du bist die einzige Spitze. Alles klar?«

Die Jungs nickten.

Plattfuß ging zur Tür und wollte hinaus. Der Trainer hielt ihn zurück. »Wir bleiben hier drin, bis der Schiri pfeift. Und lasst euch viel Zeit, auch nachher beim Spiel. Je länger es 0:0 steht, desto besser für uns.«

Als der Schiedsrichter pfiff, trotteten die Jungs gemächlich hinaus. Nur der Trainer lief eilig zum Parkplatz, aber von den vier Nachzüglern war noch keine Spur zu sehen. »Der Spielführer von Albstadt bitte zu mir!«, rief der Schiedsrichter.

»Unser Spielführer ist noch gar nicht da«, sagte Louis.

»Er wird doch wohl einen Stellvertreter haben.«

»Ja, schon«, sagte Louis. »Aber der ist auch nicht da.«

»Zum Donnerwetter, jetzt reicht's mir bald mit euch!«, schimpfte der Schiedsrichter. »Los, komm her! Dann machst du den Spielführer!«

»Wer, ich?«, fragte Louis und schaute sich unsicher um.

»Ja du!«, brummte der Schiedsrichter. »Was willst du, Kopf oder Zahl?«

»Zahl.«

Der Schiedsrichter warf ein Geldstück in die Luft. »Zahl«, knurrte er. »Du hast die Wahl gewonnen.«

Louis überlegte, schaute erst in die eine, dann in die andere Richtung. Er prüfte, wie die Sonne stand und woher der Wind wehte.

Zu allem ließ er sich viel Zeit.

»Na, wird's bald?«, fragte der Schiedsrichter ungeduldig. »Entscheide dich endlich!«

»Wir spielen von hier nach da«, sagte Louis und zeigte mit der Hand in die Hälfte, wo seine Mannschaftskameraden standen.

»Das hab ich mir gedacht«, murmelte der Schiedsrichter. Er blies kräftig in seine Trillerpfeife und rief: »Albstadt in diese Hälfte, Tübingen in die andere. Aber ein bisschen dalli, wenn ich bitten darf!«

Die Albstädter ließen sich Zeit. Und man konnte Louis ansehen, dass er ziemlich stolz auf seine Entscheidung bei der Platzwahl war.

»Los, bewegt euch, ihr lahmen Enten!«, schrie der Schiedsrichter.

»Ich kann mich doch nicht vor dem Spiel schon verausgaben«, sagte Plattfuß. »Ich habe nicht so viel Kondition.«

»Du bekommst gleich die Rote Karte«, drohte der Schiedsrichter. »Dann kannst du zuschauen. Dafür wird deine Kondition wohl gerade noch reichen.«

Als sich der Blitz aus Bitz in der gegnerischen Hälfte niederkniete und seine Schuhe besonders sorgfältig zu binden schien, da platzte dem Schiedsrichter der Kragen.

»Ich zähle bis drei!«, brüllte er. »Wenn dann nicht alle Albstädter in ihrer Hälfte sind, pfeife ich das Spiel nicht mehr an und Tübingen hat gewonnen! Eins – zwei ...«

Jetzt raste der Blitz aus Bitz blitzschnell in die Albstädter Hälfte.

»... drei!« Und schon ertönte der Anpfiff.

Die Albstädter Spieler hatten ihre Position noch nicht eingenommen.

Das nutzten die Tübinger aus und erzielten gleich mit dem ersten Angriff das 1:0.

»Oh nein!«, rief der Trainer und gab schnell ein paar Anweisungen.

Inzwischen kurvte der VW-Transporter durch Tübingen. Zweimal war der Fahrer schon zu spät abgebogen, zweimal musste er deswegen um den ganzen Block fahren. Das kostete wertvolle Minuten und die vier Jungs verzweifelten fast.

»Immer mit der Ruhe«, sagte der Mann. »Gleich sind wir da.«

Müsli machte Bewegungen, als wolle er dem Mann von

hinten an die Gurgel. Lunge faltete die Hände und schickte ein Stoßgebet gen Himmel.

»So, da sind wir schon«, sagte der Mann.

Noch bevor das Auto stand, riss Philipp die Tür auf und sprang hinaus. Die anderen drei stürmten sofort hinterher, ohne sich bei dem Mann zu bedanken. Sie rannten durch das Eingangstor und sahen sofort, dass das Spiel schon begonnen hatte.

»Scheiße!«, zischte Müsli.

»Da sind sie!«, rief Sandros Vater.

Der Trainer kam angelaufen.

»Wir hatten eine Panne«, sagte Müsli. »Dann sind wir ...«

»Gut, dass ihr schon umgezogen seid«, unterbrach ihn der Trainer. Er gab dem Schiedsrichter ein Zeichen, dass er auswechseln wolle. »Wir liegen 0:2 hinten. Jetzt könnt ihr zeigen, was ihr draufhabt.«

Paul, Niklas und Plattfuß verließen wie abgesprochen das Spielfeld. Philipp, Maximilian, Lunge und Müsli liefen auf. Der Schiedsrichter zählte die Albstädter, damit bei all dem Durcheinander nicht am Ende einer zu viel mitspielte.

»Seid ihr jetzt endlich komplett?«, fragte er.

»Ja, jetzt kann's losgehen«, antwortete Müsli und tänzelte schon ganz ungeduldig.

Die vier Musketiere wirbelten durch die Tübinger Reihen, dass ihren Gegenspielern beinahe schwindlig wurde. Es sah so aus, als wollten sich Philipp, Maximilian, Müsli und Lunge den ganzen Frust der letzten Stunde aus dem Leib rennen. Und es dauerte auch nicht lange, bis Philipp nach einer herrlichen Kombination den Anschlusstreffer erzielte. Auch der Ausgleich lag mehrfach in der Luft.

Aber einmal fischte der Tübinger Schlussmann einen raffinierten Schlenzer von Müsli mit den Fingerspitzen gerade noch aus dem Winkel. Und ein toller Volleyschuss von Maximilian krachte an die Querlatte. Trotz eindeutiger Feldüberlegenheit brachten die Albstädter bis zur Halbzeitpause nichts Zählbares mehr zustande.

»Das ist nicht schlimm«, beruhigte der Trainer die Mannschaft. »Wir haben noch genug Zeit für die nötigen Tore. Wichtig war der schnelle Anschlusstreffer. Und ihr habt ja gemerkt, dass die Tübinger danach ziemlich durcheinander waren. Aber ihr wart viel zu ungeduldig und zu hektisch. Mit der Brechstange gewinnt man keine Spiele, das solltet ihr inzwischen wissen. Baut das Spiel von hinten auf, lasst den Ball laufen und spielt mehr über die Flügel, nicht immer durch die Mitte. Dann ergeben sich garantiert noch genug Torchancen.«

»Klar«, sagte Maximilian. »Die packen wir noch!«

»Wo wart ihr eigentlich so lange?«, wollte Tomate wissen.

»Wir hatten eine Panne«, antwortete Müsli. »Dann sind wir mit einem völlig beknackten Alten ...«

»Das könnt ihr nach dem Spiel erzählen«, unterbrach der Trainer Müsli. »Trinkt etwas, macht eure Muskeln locker und hört zu, was ich jetzt sage!« Er machte eine kleine Pause.

»Jonas!«

Der Blitz aus Bitz hob den Kopf.

»Du wirst in der zweiten Halbzeit auf der rechten Seite nach vorne marschieren, sooft sich die Möglichkeit bietet. Felix, du bleibst dann hinter ihm und sicherst ab.«

Müsli nickte.

»Philipp, du gehst noch mehr in die Spitze rein. – Und du musst dich mehr bewegen und dich anbieten«, sagte er zu seinem Sohn Louis. »Wechselt vorne auch mal die Positionen, das bringt sie durcheinander. Alles klar?«

»Alles klar!«

Die Jungs befolgten die Anweisungen ihres Trainers genau. Vor allem die schnellen Vorstöße des Blitz aus Bitz brachten die Tübinger Abwehr in Schwierigkeiten. Und bereits beim dritten Versuch ging das Konzept auf. Der Blitz sprintete mit dem Ball am Fuß bis an die Torlinie, ließ den Angreifer mit einer geschickten Körpertäuschung ins Leere grätschen und passte zurück zum mitgelaufenen Louis, der den Ball nur noch über die Linie schieben musste. Louis riss die Arme hoch, lief zum Blitz und bedankte sich für die gute Vorarbeit. Auch von den anderen wurde der Blitz aus Bitz mehr gelobt als der Torschütze.

»Bravo, Jungs! Weiter so!«, rief der Trainer.

Aber es ging nicht einfach so weiter. Dafür sorgte der Tübinger Trainer. Er schickte einen Sonderbewacher zum Blitz aus Bitz, der ihn auf Schritt und Tritt verfolgte. Doch dafür hatte Müsli jetzt auf der rechten Seite mehr Freiheit und die nützte er aus. Er war ständig anspielbereit und brachte die Sturmspitzen mit klugen Pässen immer wieder in gute Schusspositionen. Wenn der Tübinger Torwart nicht die unmöglichsten Bälle gehalten hätte, wäre das Spiel schon Mitte der zweiten Halbzeit entschieden gewesen. So aber wurden die Albstädter immer nervöser.

»Wie lange noch?«, rief Lunge nach draußen.

»Fünf Minuten«, lautete die Antwort.

»Auf geht's, das packen wir noch!«, feuerte Lunge seine Mitspieler an.

Aber Tomate, Damir und Louis waren ziemlich erschöpft. Auch Philipps Schritte wurden immer schwerer. Das ärgerte ihn, denn er hatte sich fest vorgenommen, die schlechte Leistung vom letzten Spiel wiedergutzumachen. Doch bei einem unnötigen Zweikampf verlor er im Mittelkreis den Ball. Der Tübinger überlief Damir und stürmte von halb rechts in Richtung Albstädter Tor. Lunge hetzte ihm hinterher, Sandro kam ihm entgegen. Der Tübinger suchte einen Mitspieler, aber keiner war so schnell mitgelaufen. Er zögerte kurz und schien zu überlegen, ob er Sandro umspielen oder lieber einen Fernschuss wagen sollte. Durch dieses Zögern holte Lunge den Tübinger ein und spitzelte ihm den Ball vom Fuß.

»Geh!«, rief Sandro.

Lunge trieb den Ball bis in die gegnerische Hälfte und ließ dabei zwei Tübinger aussteigen. Müsli bot sich zum Doppelpass an und Lunge benützte seinen Freund als Bande. Vorne lauerte Maximilian und alle rechneten mit einem Abspiel. Aber Lunge spielte nicht ab. Kurz vor dem Strafraum ließ er noch einen Abwehrspieler aussteigen, dann zog er ab. Obwohl der Tübinger Schlussmann wie ein Panther hochschnellte und waagrecht in der Luft lag, konnte er Lunges Hammer nicht halten. Lunge ließ eine Art Tarzanschrei los und reckte die geballte Faust in die Höhe.

Maximilian war als Erster bei ihm und sprang ihm in die Arme.

»Super!«, schrie er ihm ins Ohr und klopfte ihm wie verrückt auf den Rücken.

Auch die anderen kamen angelaufen und gratulierten Lunge zu seinem Supertor. Sogar der Trainer rannte auf den Platz und drückte Lunge an sich. Dann rief er: »So, jetzt noch mal aufpassen und hinten dichtmachen! Nur noch Maximilian bleibt vorn!«

Der Schiedsrichter schickte den Trainer energisch vom Platz und die Albstädter in ihre Hälfte.

Die Tübinger warfen in den letzten Minuten alles nach vorn, doch die Albstädter verteidigten mit Mann und Maus und verließen als glückliche Sieger den Platz.

6. Kapitel

Philipp stellte sein Rad in die Garage, versteckte die Sporttasche im Abstellraum und ging in die Wohnung. Wie immer, wenn er vom Fußball kam, hatte er ein mulmiges Gefühl. Und gerade heute hätte er nach all den Aufregungen so gern erzählt, was er erlebt hatte.

Seine Eltern und Emilie saßen schon beim Abendbrot.

»Hey«, sagte Philipp und gab sich betont locker.

»Wo kommst du her?«, fragte die Mutter.

»Von Maxi.«

»So, von Maxi? Und was habt ihr den ganzen Nachmittag gemacht, wenn ich fragen darf?«

»Warum willst du das wissen?«

»Es interessiert mich halt, was mein Sohn so macht«, antwortete die Mutter.

Philipp zögerte. Irgendwas war im Busch, das spürte er.

»Wir ... wir haben ...«

»Überleg dir genau, was du sagst!«, unterbrach ihn der Vater.

»He, was ist denn hier los? Steh ich vor Gericht, oder was?«

»Nein«, sagte der Vater. »Ich möchte nur nicht, dass du uns anlügst.«

Philipp schluckte. Er wusste nicht, was er sagen sollte, und kam sich jetzt wirklich vor wie ein Angeklagter vor Gericht.

Dabei hatte er doch nichts verbrochen. »Ich ... ich ... wir haben Fußball gespielt«, gestand Philipp schließlich und schaute dabei auf den Boden.

Die Mutter atmete hörbar aus.

»Was heißt das, wir haben Fußball gespielt?«, fragte der Vater ruhig. »Auf dem Bolzplatz ein bisschen rumgekickt oder was sonst?«

»Mit einer Mannschaft«, murmelte Philipp. Irgendwann musste es ja rauskommen. Fast wünschte er sich jetzt, er hätte schon früher den Mut gehabt, mit seinen Eltern darüber zu reden.

»Ich hab's geahnt«, sagte die Mutter. »Seit Wochen hab ich so was geahnt.«

Emilie saß auf ihrem Platz und hielt die Luft an, als erwarte sie ein gewaltiges Donnerwetter. Auch Philipp wagte kaum zu atmen. Aber es donnerte nicht. Der Vater sagte nur: »Obwohl wir es dir verboten haben.«

»Papa«, sagte Philipp und dann sprudelte es aus ihm heraus. »Ich spiele so gern Fußball. Fußball ist toll und mir ist noch nie etwas passiert. Ich passe auch immer gut auf. Millionen spielen auf der ganzen Welt Fußball, ohne dass sie jemals verletzt werden. Du kannst doch nicht immer gegen Fußball sein, nur weil du so viel Pech hattest. Das ist nicht richtig.«

Nach dieser kleinen Rede wurde es sehr still im Zimmer.

Als Erste sagte Emilie etwas: »Im Kindergarten spielen wir auch manchmal Fußball. Das ist ganz lustig. Gestern hab ich sogar ins Tor getroffen. Und einmal ist Felix hingefallen und hat sich das Knie aufgeschlagen. Aber es hat fast gar nicht geblutet. Höchstens ein bisschen. Und der Felix hat auch wieder mitgespielt, als er mit Weinen fertig war.«

Die kleine Emilie hatte wieder mal das Eis gebrochen. Die Eltern mussten sogar schmunzeln.

»So, so, du spielst also auch schon Fußball«, sagte der Vater. »Na, das wird ja immer schöner.«

»Womöglich steckst du mit deinem Bruder sogar unter einer Decke«, vermutete die Mutter.

»Unter welcher Decke?«, fragte Emilie ahnungslos.

Da konnten sich die Großen das Lachen nicht mehr verkneifen. Doch dann wurde der Vater wieder ernst. »Seit wann spielst du denn in einer Mannschaft?«

»Seit dieser Saison«, antwortete Philipp.

»Und wo?«

»Beim FC 07 in der B-Jugend.«

»Aha.« Mehr brachte der Vater dazu im Moment nicht über die Lippen.

»Aber du ... du hast doch gar keine Fußballsachen«, wunderte sich die Mutter.

Philipp nickte. »Die hat Müsli immer mit nach Hause genommen und seine Mutter hat sie mitgewaschen.«

Die Mutter war sprachlos.

»Hast du denn überhaupt Fußballschuhe?«, fragte der Vater.

»Klar«, sagte Philipp.

»Selbst gekauft?«

Wieder nickte Philipp. »Und vom Verein hab ich 30 Euro bekommen.«

»Hm«, machte der Vater, »nicht schlecht.«

»Und die Fußballschuhe? Hat Felix' Mutter die etwa auch geputzt?«, wollte die Mutter wissen.

»Nein, die hab ich selbst geputzt und dann im Abstellraum versteckt.«

Die Eltern sahen sich an.

»Also so was«, murmelte die Mutter.

»Das ist ja eine richtige Verschwörung«, sagte der Vater. »Du musst für deine Mannschaft ziemlich wichtig sein, habe ich den Eindruck. Bist du denn gut?«

Weil seine Eltern viel ruhiger reagierten, als er erwartet hatte, wurde Philipp mutiger.

»Ich glaube, ich bin nicht schlecht. Unsere ganze Mannschaft ist nicht schlecht. Wenn wir kein Spiel mehr verlieren, können wir noch Staffelmeister werden. Dann dürfen wir um die Württembergische Meisterschaft mitspielen.«

»So, so«, sagte der Vater. »Aber das ändert nichts daran, dass wir dir das Fußballspielen verboten haben. Und du hast dich nicht an das Verbot gehalten. Und vor allem hast du uns die ganze Zeit über angelogen.«

»Papa, ich kann die Mannschaft doch nicht im Stich lassen. Das musst du doch verstehen.«

»Jaja, lass dir nur auch die Knochen kaputt treten wie dein Vater«, sagte die Mutter mit zitternder Stimme.

»Mama, du hast ...« Philipp schluckte den Rest des Satzes hinunter.

Normalerweise hätte er seiner Mutter jetzt einiges gesagt.

Aber es schien ihm ratsamer, den Mund zu halten.

»Du hättest doch mit uns reden können«, sagte der Vater.

»Über Fußball?«, fragte Philipp. »Darüber darf doch in diesem Haus nicht geredet werden. Das ist für euch doch tabu.«

»Aus gutem Grund«, warf die Mutter ein.

»Du tust gerade so, als gäbe es beim Fußball jede Woche Tote«, erwiderte Philipp. »So gefährlich ist Fußball gar nicht. Da gibt es viel gefährlichere Sportarten.«

»Das mag sein«, gab der Vater zu. »Aber du kannst dich trotzdem nicht einfach über ein Verbot hinwegsetzen.«

»Wenn ich das Verbot aber nicht einsehe ...«

»Kinder sehen Verbote meistens nicht ein«, sagte die Mutter.

»Ich bin kein Kind mehr!«, wehrte sich Philipp. »Und ich spiele Fußball, auch wenn ihr es mir verbieten wollt. Ihr könnt mich ja nicht einsperren.«

»Na ja, darüber müssen wir noch mal in Ruhe reden«, meinte der Vater.

»Wozu?«, fragte Philipp. »Wir haben doch jetzt geredet und es ist alles gesagt.«

»Noch haben wir ein Wörtchen mitzureden bei dem, was du machst«, sagte die Mutter.

»Wäre es euch lieber, ich würde in Kneipen rumhängen?«

»Philipp!«

»Ist doch wahr«, brummte Philipp, stand auf und ging in sein Zimmer.

Später am Abend kam der Vater noch zu ihm, setzte sich auf den Schreibtischstuhl und rieb sein steifes Knie.

»Ich habe noch mal mit deiner Mutter geredet«, begann er. »Sie hat eben Angst um dich gehabt – und hat sie immer noch. Das mit meinem Unfall war damals sehr schlimm für sie und für mich natürlich auch, das kannst du dir denken.«

Philipp murmelte vom Bett aus etwas Unverständliches. Er fragte sich, worauf sein Vater hinauswollte.

Der suchte nach Worten und gab schließlich zu, dass er schon seit einiger Zeit den Verdacht hatte, Philipp könnte heimlich Fußball spielen. Das habe ihn geärgert und beunruhigt, aber er habe sich auch gefragt, ob das Verbot denn gerechtfertigt sei. Er erinnere sich trotz allem noch zu gut daran, wie viel ihm selbst das Fußballspielen früher bedeutete.

»Kurz und gut, Philipp – wenn du nun schon angefangen hast zu spielen und sogar Erfolg dabei hast, wollen wir dir nicht länger im Weg stehen. Für deine Mutter ist es schwer, aber sie möchte nicht, dass du uns etwas verheimlichst. Wenn es für dich wirklich so wichtig ist, dann spiel. Aber pass gut auf dich auf, ja?«

Philipp fiel ein Stein vom Herzen. Das hatte er nicht erwartet. Am liebsten wäre er seinem Vater um den Hals gefallen und komischerweise hatte er den Eindruck, dass auch der sich freute. Er schien sogar ein bisschen stolz auf das Fußballtalent seines Sohns zu sein.

Philipp nahm sich vor, seinem Vater zu beweisen, was er draufhatte beim Fußball, und rief gleich Maximilian und die anderen an, um ihnen zu berichten, was passiert war. Von nun an brauchte er sich vor den Spielen nicht mehr davonzuschleichen, er würde immer pünktlich da sein können und mit dem Versteckspiel war Schluss! Philipp fühlte sich ungeheuer erleichtert und merkte jetzt erst richtig, wie sehr ihn diese Heimlichtuerei belastet hatte.

7. Kapitel

Beim nächsten Training wussten alle schon Bescheid, und weil es für die anderen keine so große Sache war, wurde auch nicht mehr viel darüber geredet. Stattdessen gab es ein anderes Thema: Ein Neuer war da! Und was für einer! Er lief im VfB-Dress auf und tat so, als wäre er schon Nationalspieler.

»Das ist Robert Romer«, stellte der Trainer den Neuen vor. »Er ist mit seinen Eltern von Stuttgart nach Albstadt umgezogen und möchte bei uns mitspielen.«

»Hallo!«, sagte Robert und tänzelte dabei wie ein Profi.

Während des Trainings nervte Robert alle mit seinen Vergleichen. Ständig sagte er Sachen wie: »Das haben wir beim VfB nicht gemacht.«

»Das haben wir beim VfB anders gemacht.«

»Das haben wir beim VfB so gemacht.« Dann machte er Übungen vor.

Anfangs reagierte der Trainer nicht darauf. Aber irgendwann sagte er: »Mag sein, dass ihr das beim VfB so oder anders gemacht habt. Aber wir sind hier beim FC 07 und machen das so, wie ich es sage.«

Von da an kommentierte Robert die Übungen nicht mehr. Aber manchmal grinste er spöttisch und man sah ihm an, was er dachte.

»Der hat doch 'nen Sprung in der Schüssel«, flüsterte Müsli.

»Das ist kein Sprung, das ist ein Riss«, meinte Maximilian. »Ein Hirnriss.«

Als Robert dann beim Torschusstraining dreimal hintereinander danebentraf, stichelte Müsli: »Hast du das beim VfB auch so gemacht?«

Robert grummelte etwas zwischen den Zähnen und guckte Müsli böse an.

Der Trainer ließ einen Pfiff los und bildete zwei Mannschaften. »Ich möchte wenig Körpereinsatz sehen. Lasst den Ball laufen und nützt den Raum! Der Ballführende soll immer mehrere Abspielmöglichkeiten haben. Die hat er aber nur, wenn sich seine Mitspieler freilaufen. Ihr dürft also nicht erst mitspielen, wenn ihr den Ball habt; ihr müsst auch ohne Ball mitspielen, darauf kommt es an.«

Robert tat gelangweilt. Solche Erklärungen waren etwas für Provinzkicker, aber nicht für einen, der schon beim VfB gespielt hatte.

Der Trainer pfiff das Spiel an. Und natürlich wurde Robert von allen besonders genau beobachtet. Er war technisch recht gut und sehr antrittsschnell, führte den Ball elegant, spielte jedoch viel zu eigensinnig.

Nach ein paar Minuten pfiff der Trainer und rief über den Platz: »Keiner darf mehr als einen Gegner umdribbeln! Dann muss das Abspiel kommen!«

»Das ist doch bescheuert«, murmelte Robert, aber so leise, dass der Trainer es nicht hören konnte.

Die restliche Spielzeit dribbelte Robert überhaupt nicht mehr. Kaum hatte er den Ball am Fuß, spielte er ihn sofort wieder ab. Fast immer zu Niklas oder Plattfuß. Er hatte nämlich schnell gemerkt, dass die beiden seine schwächsten Mitspieler waren. Und jedes Mal, wenn sie den Ball verloren oder so ungenau abspielten, dass er beim Gegner landete, grinste Robert. Und über die 3:8-Niederlage seiner Mannschaft schien er sich richtig zu freuen.

»Na ja«, sagte der Trainer nur. Aber man sah ihm an, dass er Mühe hatte, nicht mehr zu sagen.

Dafür nahm Lunge auf dem Weg zum Fahrradständer kein Blatt vor den Mund.

»Der Robert ist ein arrogantes Arschloch. So einen will ich nicht in der Mannschaft, und wenn er zehnmal beim VfB gespielt hat.«

»Der hat doch nie im Leben beim VfB gespielt«, meinte Philipp. »So gut ist der gar nicht.«

Müsli tippte sich an die Stirn. »Der durfte dort vielleicht nach dem Training die Bälle einsammeln.«

»Wenn der beim VfB gespielt hat, können wir vier auch zum VfB«, sagte Maximilian.

»Das will ich genau wissen«, murmelte Lunge.

»Und wie willst du das erfahren?«, fragte Maximilian.

»Ich ruf da an.«

»Beim VfB?«

»Klar.« Lunge schob sein Fahrrad aus dem Ständer. »Ich krieg das raus, verlasst euch drauf!«

Gleich am nächsten Tag trafen sich die vier Musketiere bei Lunge. Er hatte sich die Nummer des VfB besorgt und wählte sie. Über den Lautsprecher konnten auch die anderen hören, wie sich eine Frauenstimme meldete: »Schubert, Geschäftsstelle des VfB Stuttgart.«

»Ich ... äh ... wir haben nur eine Frage«, stotterte Lunge.

»Ja bitte?«

»Hat bei Ihnen ein Robert Romer gespielt?«

»Robert Romer? Robert Romer«, wiederholte die Frau und schien zu überlegen. »Der Name sagt mir nichts – doch, halt, warten Sie mal. Ich glaube, so hieß ein Jugendlicher, der sich neulich abgemeldet hat, weil er weggezogen ist.«

Lunge wusste nicht mehr, was er sagen sollte.

»Hat er in der B-Jugend gespielt?«, flüsterte Maximilian Lunge zu.

»Hallo! Sind Sie noch dran?«, fragte die Frau.

»Ja ... ich ...«

Maximilian gab Lunge einen Knuff. »Na, los doch!«

»Finger weg!«, brummte Lunge.

»Wie bitte?«, fragte die Frau.

»Äh ... ich meine nicht Sie.« Lunge drückte Maximilian weg und fragte: »Hat er in der B-Jugend gespielt?«

»Das weiß ich doch nicht«, antwortete die Frau. »Was glauben Sie, wie viele Jugendliche wir haben? Wenn ich da von jedem wissen müsste, in welcher Mannschaft er spielt, hätte ich viel zu tun.«

»Sie soll nachschauen«, flüsterte Müsli.

»Sie sollen nachschauen«, sagte Lunge.

»Wie bitte?«

»Nachschauen«, wiederholte Lunge.

Die anderen schlugen die Hände vor den Kopf.

»Mann, ist der blöd«, stöhnte Müsli.

»Nachschauen?«, fragte die Frau. »Wie käme ich dazu? Ich darf sowieso keine Auskunft über Spieler geben, auch über Jugendliche nicht.«

»Warum sagen Sie das nicht gleich?«, rief Müsli so laut dazwischen, dass die Frau es hören musste.

Da legte Lunge schnell auf. »He, du spinnst wohl!« Er drohte Müsli mit der geballten Faust.

»Lass gut sein«, sagte Philipp und ging dazwischen.

»Auf jeden Fall wissen wir jetzt, dass er beim VfB war.«

»Das ist keine Kunst«, meinte Maximilian. »Mitglied kannst du in jedem Verein werden. Ob er in der B-Jugend gespielt hat, wissen wir immer noch nicht.«

»Aber das kriegen wir raus«, sagte Lunge. Wenn er sich etwas in den Kopf gesetzt hatte, ließ er nicht locker, bis er am Ziel war. So auch in diesem Fall.

Philipp bekam den Auftrag, bei nächster Gelegenheit mit Robert über das Training beim VfB zu reden. Dabei sollte er erfahren, wo und an welchen Tagen die B-Jugend trainierte.

Philipp fand die ganze Aufregung um diesen Robert zwar etwas übertrieben, aber er wollte seine Freunde nicht im Stich lassen. Also fragte er ihn vorsichtig aus. Robert freute sich, dass er mit seiner VfB-Vergangenheit angeben konnte, und Philipp erfuhr mehr, als er wissen wollte.

»Die haben von Montag bis Donnerstag jeden Nachmittag Training«, erzählte Philipp seinen Freunden. »Auf einem Nebenplatz gleich bei der Mercedes-Benz Arena.«

»Viermal«, staunte Müsli. »Das ist ja wie bei den Profis.«

»Die haben jeden Tag zweimal Training«, sagte Maximilian.

»Das ist doch egal«, fuhr Lunge dazwischen. »Jetzt müssen wir nur noch meinen Bruder fragen, wann er wieder nach Stuttgart fährt und uns mitnehmen kann.«

8. Kapitel

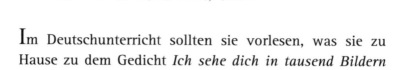

Im Deutschunterricht sollten sie vorlesen, was sie zu Hause zu dem Gedicht *Ich sehe dich in tausend Bildern* geschrieben hatten.
»Freiwillige vor!«, sagte Frau Rosenstein.
Aber es gab natürlich mal wieder keine Freiwilligen.
»Nun stellt euch nicht so an!«
Niemand meldete sich, nicht einmal Sara, die sonst meistens als Erste die Hand oben hatte.
»Habt ihr die Hausaufgabe überhaupt gemacht?«, fragte Frau Rosenstein, ging durch die Reihen und kontrollierte die Hefte.
Da und dort blieb sie stehen und las den Text.
»Ist ja sehr interessant«, murmelte sie einmal. Und ein andermal: »So kann man das Gedicht natürlich auch sehen.« Zu Lunge sagte sie: »Du hast dich bei den drei Zeilen hoffentlich nicht überanstrengt.«
»Ich ... ich kann keine Gedichte interpretieren«, entschuldigte sich Lunge. »Gedichte sind immer so ... so komisch geschrieben.«
»Findest du?«
Lunge nickte.
Jetzt meldete sich Sara. »Das Gedicht ist wirklich ein bisschen eigenartig, da hat Lunge ... äh ... Lukas recht.«
»›Komisch und eigenartig‹, sagt ihr.« Frau Rosenstein wiegte bedächtig den Kopf. »Die Sprache der Lyrik ist na-

türlich anders als die Sprache der Popmusik und der Werbung, die ihr jeden Tag hört. Aber komisch und eigenartig? Mit solchen Urteilen sollte man sehr vorsichtig sein.«
Sie schaute sich die restlichen Hefte an. Neben Philipp blieb sie länger stehen. Plötzlich nahm sie sein Heft und las laut vor: »Novalis ist verliebt ...«
»Nicht!«, rief Philipp und griff nach seinem Heft. Aber Frau Rosenstein hielt es fest.
»Was soll das?«
»Sie sollen das nicht vorlesen«, bat Philipp.
»Warum nicht?«, fragte Frau Rosenstein. »Das ist doch ausgezeichnet.« Und schon las sie wieder: »Novalis ist verliebt in Maria. Er sieht sie überall. Vielleicht hat er auch Bilder von ihr. Aber die Bilder sind nicht so, wie er Maria in sich sieht und in sich fühlt. Seit er verliebt ist, ist alles anders. Was in der Welt um ihn herum passiert, ist ihm gar nicht mehr so wichtig. Er fühlt sich wie im siebten Himmel und wünscht sich, dass das nie mehr aufhört.«
Philipp saß tief gebeugt auf seinem Platz. Am liebsten hätte er sich unter der Bank verkrochen.
»Das ist eine der besten Interpretationen, die ich je von einem Achtklässler zu diesem Gedicht gelesen habe«, lobte ihn Frau Rosenstein. »Sehr knapp und sehr präzise.«
Sie las den Text noch einmal still durch.
»Wirklich ausgezeichnet«, sagte sie. »Ihr seht also, dass man die nicht immer ganz einfache Sprache der Lyrik auch in eurem Alter schon verstehen kann, wenn man sich Mühe gibt.«
Frau Rosenstein legte das Heft zurück auf Philipps Tisch und ging nach vorn zur Tafel, nahm die Kreide und begann zu schreiben:

Novalis (1772 bis 1801)

»Aber ... der ... der ist ja nur 29 Jahre alt geworden«, wunderte sich Sara.
»Richtig«, bestätigte Frau Rosenstein.
»Und warum ist er so früh gestorben?«
»Als er 23 war, hat er sich mit einem 13-jährigen Mädchen verlobt. Sie hieß Sophie von Kühn ...«
»Die war erst 13?«, fragte Müsli. »Das ist ja Verführung Minderjähriger.«
»Das ist doch verboten!«, rief Nele.
»Damals nicht«, antwortete Frau Rosenstein. »Aber zurück zu Saras Frage. Sophie ist gestorben, als sie etwa so alt war wie ihr. Es heißt, Novalis habe den frühen Tod seiner Verlobten nie überwunden. Er wurde krank vor Sehnsucht und wollte wohl ohne seine geliebte Sophie nicht mehr leben.«
»Hat er sich umgebracht?«, fragten Nele und Sara gleichzeitig.
»Nein, das nicht. Dazu war er viel zu fromm. Aber man nimmt an, dass er sich nach dem Tod gesehnt hat, um im Himmel wieder bei seiner Sophie zu sein.«
»So ein Schwachkopf«, murmelte Tom. »Hätte er lieber weitergelebt und eine andere genommen. Davon hätte er mehr gehabt.«
»Du machst es dir wie immer sehr einfach«, sagte Frau Rosenstein. »Aber so einfach ist es im Leben meistens nicht, schon gar nicht, wenn es um Gefühle geht.«
Tom brummte etwas vor sich hin, was sich nicht sehr freundlich anhörte. Doch Frau Rosenstein ging nicht darauf ein. Stattdessen sagte sie: »Vielleicht wird es dich

überraschen, Tom, dass Novalis nach Sophies Tod tatsächlich eine andere Frau genommen hat. Aber deswegen war Sophie nicht aus seinem Herzen verschwunden.«

Es war ungewöhnlich still im Zimmer. Die meisten hörten aufmerksam zu, was nur selten der Fall war, wenn Frau Rosenstein von längst verstorbenen Dichtern erzählte. Das tat sie öfter, denn den Schülern Lyrik nahezubringen, war ihr ein besonderes Anliegen, wie sie immer wieder betonte. Und die Geschichte des so jung gestorbenen Novalis schien die Mädchen und Jungs irgendwie zu berühren.

Sara meldete sich.»Wenn das alles stimmt, kann man das Gedicht auch anders interpretieren, als Philipp es getan hat.«

Philipp sah kurz auf. Er hörte Sara reden, aber ihre Worte erreichten ihn nicht. Für ihn stand in dem Gedicht genau das, was er aufgeschrieben hatte. Wenn andere es anders interpretierten, war das ihre Sache. Mit seinen Gefühlen und Gedanken hatte das nichts zu tun. Schlimm war für ihn nur, dass Frau Rosenstein seinen Text vorgelesen hatte.

Während Sara redete, drehte Philipp langsam den Kopf und schielte über die Schulter zu Samira. Sie schien auf seinen Blick gewartet zu haben. Sie lächelte nicht, sie bewegte sich nicht, sie schaute nur. Und dieser Blick ließ die Schmetterlinge in Philipps Bauch wieder flattern.

Philipp hing noch immer an Samiras Augen, da schoss ihm plötzlich ein Gedanke durch den Kopf: Wenn Samira sterben würde wie Sophie! Schon der Gedanke daran tat ihm weh.

Maximilian holte Philipp mit einem Knuff wieder ins Klassenzimmer zurück. »He, was ist denn dahinten?«

»Nichts«, sagte Philipp und guckte in sein Heft.

Nach der Deutschstunde war große Pause. Philipp stand zwar wie immer mit seinen drei Freunden zusammen, aber seine Gedanken waren bei Samira. Und seine Augen hielten Ausschau nach ihr.

»Ich hab gar nicht gewusst, dass du in Deutsch so gut bist«, sagte Lunge. »Die Rosenstein hat sich ja fast überschlagen wegen dir.«

Philipp reagierte nicht.

»Wo hast du denn die tolle Interpretation abgeschrieben?«, fragte Müsli.

»Nirgendwo.«

»Sag bloß, die ist echt von dir!«

Philipp sagte nichts, weil er eben Samira entdeckt hatte.

Müsli tippte sich an die Stirn. »Entweder hat der 'nen Knall oder er ist verknallt.«

»Oder beides«, meinte Lunge. »Der ist doch schon seit Tagen wie von 'nem andern Stern.«

»Wisst ihr, was ihr mich könnt?«, fragte Philipp.

»Aber nicht, solange die Schokolade so billig ist«, entgegnete Müsli.

Philipp ließ seine Freunde stehen und ging zur Toilette. Dort beugte er sich über ein Waschbecken, ließ kaltes Wasser in die Hände laufen und tauchte sein Gesicht hinein. Das tat gut.

Wieder draußen blieb Philipp stehen und ließ den Blick über den Schulhof schweifen. Maximilian, Müsli und Lunge standen noch am gleichen Platz wie vorhin.

Aber Philipp hatte keine Lust, zu seinen Freunden zu

gehen und sich ihre Sticheleien anzuhören. Sie nervten ihn zurzeit sowieso mit ihrem Gelaber. Er suchte Samira und fand sie in der Schülerbücherei, die in der großen Pause immer geöffnet war. Wie meistens war Samira nicht allein. Lena und Nele schwirrten dauernd um sie herum.

Philipp ging zum ersten Regal, nahm ein Buch heraus, blätterte darin und stellte es wieder zurück.

»Suchst du ein Buch?«, fragte Nele.

Philipp nickte.

»Vielleicht eines mit Liebesgedichten?«, stichelte Lena.

Samira gab ihrer Freundin mit dem Ellbogen einen Stoß.

Philipp bekam einen roten Kopf. Jetzt fingen die auch noch damit an! Er hätte Lena gern eine saftige Antwort gegeben, aber ihm fiel so schnell mal wieder nichts Passendes ein.

Deswegen sagte er nur: »Lies du doch Liebesgedichte, wenn sie dich so interessieren.«

Bevor Lena darauf etwas entgegnen konnte, spürte sie Samiras Ellbogen zum zweiten Mal in der Seite.

»He, spinnst du? Das tut weh!« Sie tippte sich an die Stirn und verließ mit Nele die Bücherei.

Ein paar Augenblicke standen Samira und Philipp nebeneinander und starrten die Buchrücken an. Dann fragte Samira: »Liest du auch gern?«

»Manchmal.«

Samira schaute Philipp an. »Fußballbücher liest du bestimmt am liebsten.«

Philipp nickte. »Aber nicht nur. Ich lese auch Bücher von früher, wie die Menschen damals gelebt haben und so.«

»Ich auch«, sagte Samira. »Warte mal!« Sie ging zu einem anderen Regal, holte ein Buch und gab es Philipp.

»Das hab ich letzte Woche gelesen, das ist ganz toll!«

Dietlof Reiche: Der Bleisiegelfälscher«, las Philipp. »Das ist aber dick. Und das hast du in einer Woche gelesen?«

Samira nickte.

»Dazu brauche ich mindestens einen Monat«, meinte Philipp. »Wenn ich es überhaupt schaffe. So dicke Bücher lese ich nämlich nicht so gern.«

»Aber das ist unheimlich spannend«, schwärmte Samira. »Das schaffst du bestimmt. Wenn du erst mal mit Lesen angefangen hast, kannst du nicht mehr damit aufhören. Garantiert.«

»Meinst du?«

Wieder nickte Samira. Dann schauten sie sich eine Weile nur an. Philipp hätte Samira gern berührt. Schon bei dem Gedanken daran spürte er sein Herz heftiger pochen. Aber er traute sich nicht und hier, in dieser muffigen Schülerbücherei, schon gar nicht.

Plötzlich sagte Samira ganz leise: »Was du zu dem Gedicht geschrieben hast, war schön.«

»Dabei hab ich an dich gedacht.« Philipp wunderte sich, dass er das so einfach herausgebracht hatte.

»Ich weiß«, sagte Samira. »Deswegen war es ja so schön.«

9. Kapitel

Um halb zwei wollten die vier Musketiere mit Lunges Bruder Moritz nach Stuttgart fahren. Fünf vor halb standen alle startbereit vor der Garage, nur Philipp fehlte noch.

Punkt halb murmelte Maximilian: »Versteh ich nicht. Er weiß doch, dass wir losmüssen.«

»Wahrscheinlich muss er sich noch von seiner Samira verabschieden«, sagte Müsli. »Bei Frischverliebten kann das natürlich eine Weile dauern.«

»Ja, was ist denn nun?«, fragte Moritz. »Ich muss los! Wegen euch fahre ich ohnehin schon eine halbe Stunde später als sonst. Aber länger warte ich nicht mehr.«

»Ich rufe schnell bei Philipp an und ...«

In diesem Augenblick ertönte Maximilians Handy. Philipp war dran und sagte, er könne nicht mitkommen.

»Warum denn nicht?«

»Ich ... ich muss meiner Mutter im Garten helfen.«

»Was?«, rief Maximilian. »Das glaub ich nicht. Du willst nur nicht mitkommen wegen Samira.«

Philipp sagte nichts mehr.

»He, Philipp! Bist du noch dran?« Maximilian schaute sein Handy an und murmelte: »Weggedrückt. Der hat mich einfach weggedrückt.« Einen Augenblick lang dachte er daran, Philipp zurückzurufen. Aber Moritz saß im Auto und hatte den Motor schon gestartet.

»Entweder ihr steigt jetzt ein oder ich fahre ohne euch!«
Die drei setzten sich schnell ins Auto.
»Seiner Mutter helfen«, sagte Müsli. »Das kann er seiner Großmutter erzählen.«
»Vielleicht muss er ja wirklich zu Hause helfen«, warf Lunge ein.
»Ausgerechnet heute? So ein Zufall!«, sagte Müsli spitz. »Der hat uns im Stich gelassen, wegen Samira. Dass du's weißt. Den interessiert überhaupt nichts mehr außer ihr. Wartet's ab, demnächst kommt der nicht mal mehr zum Fußball!«
Die drei redeten immer heftiger über Philipp, bis Moritz die Musik voll aufdrehte.
»He, spinnst du?«, rief Lunge und hielt sich die Ohren zu.
Moritz drehte die Lautstärke etwas zurück. »Euer Gelaber ist ja nicht mehr zum Aushalten. Soll ich euch mal etwas sagen? Wenn Philipp eine Freundin hat, ist die für ihn hundertmal wichtiger als euer beknacktes Detektivspiel. Ist doch klar.«
»Das ist kein beknacktes Detektivspiel«, wehrte sich Lunge.
»Was denn dann?«
»Das ist ... ach was, du verstehst es sowieso nicht.«
Moritz warf seinem Bruder einen Blick zu, der mehr sagte als tausend Worte.
Dann drehte er die Musik wieder lauter und trat stärker aufs Gaspedal.
Maximilian und Müsli schauten von hinten auf den Tachometer.
Die Nadel wanderte von 120 Stundenkilometer über 130 bis knapp vor 140.

»Wenn der scheintote Alte am Samstag so nach Tübingen gefahren wäre, wären wir nicht zu spät gekommen«, meinte Müsli.

»Aber hier sind doch bloß 100 erlaubt«, flüsterte Maximilian.

Müsli zog die Schultern hoch. »Das ist sein Bier, nicht unseres.«

Nach einer guten Stunde Fahrt, bei der sich die drei Jungs nicht immer ganz wohlgefühlt hatten, sahen sie das Dach der Mercedes-Benz Arena.

»Da vorne ist ein Parkplatz«, sagte Moritz. »Da lasse ich euch raus. Und da wartet ihr um sechs wieder auf mich. Aber pünktlich, sonst könnt ihr nach Hause laufen!«

»Jaja«, brummte Lunge. Was er sonst noch gern gesagt hätte, behielt er lieber für sich. Schließlich waren sie auf Moritz angewiesen.

Als die drei vor der Mercedes-Benz Arena standen, staunten sie nicht schlecht.

»Das ist ja viel größer, als es im Fernsehen immer aussieht«, meinte Maximilian.

»Ich war mal in der Allianz Arena in München«, sagte Müsli. »Die ist noch größer.«

»Glaub ich nicht.«

»Klar, da gehen ...«

»Ihr habt sie wohl nicht mehr alle!«, fiel Lunge ihm ins Wort. »Wir sind doch nicht hierhergefahren, um Stadionkunde zu betreiben. Wir müssen den Trainingsplatz finden.«

Aber das war gar nicht so einfach.
Überall waren hohe Zäune und dichte Hecken.

»Robert hat doch gesagt, der Trainingsplatz sei gleich neben dem Stadion«, meckerte Müsli.

»Siehst du hier vielleicht einen Platz?«, fragte Lunge und schaute sich demonstrativ um.

»Blödmann«, sagte Müsli.

»Los, wir gehen jetzt an dem Zaun entlang«, schlug Maximilian vor. »Irgendwann muss er ja zu Ende sein oder ein Tor haben.«

Die drei marschierten los. Sie marschierten und marschierten, aber kein Ende und kein Tor kamen in Sicht. Nur einmal machte der Zaun einen rechtwinkligen Knick nach links. Das war die einzige Abwechslung.

»Ich glaube, der Robert hat gelogen«, meinte Müsli. »Ich gehe jedenfalls nicht mehr weiter.«

»Was soll das?«, fragte Lunge. »Wir können doch jetzt nicht aufgeben. Schließlich sind wir extra dafür hierhergefahren!«

»Los, komm schon!«, forderte Maximilian Müsli auf. »Bei jedem Stadion sind Trainingsplätze.«

»Aber höchstens noch bis zu der Bushaltestelle da vorne«, grummelte Müsli.

Die drei gingen weiter. Plötzlich hörten sie einen Pfiff. Und noch einen. Das klang nach einer Trainerpfeife. Maximilian, Lunge und Müsli sahen sich an und liefen los. Wenig später kamen sie zu einem Tor. Es war zwar verschlossen, aber wenigstens sahen sie einen Fußballplatz und wussten, dass sie nicht völlig falsch waren.

»Da trainieren welche«, sagte Lunge.

»Ob das die B-Jugend ist?«, fragte Müsli.

Maximilian schaute auf die Uhr und schüttelte den Kopf.

»Robert hat gesagt, die B-Jugend trainiert ab vier. Und jetzt ist es erst halb.«

»He, guck mal!«, sagte Lunge. »Der da drüben, der sieht wie Timo Baumgartl aus.«

»Quatsch.«

»Doch, das ist er!« Lunge wurde ganz aufgeregt. »Und der Schwarze dort, das ist Akolo.«

Jetzt erkannten auch Müsli und Maximilian immer mehr Spieler.

»Ich werd verrückt!«, rief Lunge. »Da trainieren die Profis!«

»Kommt!«, sagte Müsli und rannte schon los.

Sie kamen zu einem Parkplatz, auf dem viele tolle Wagen standen. Aber die interessierten die drei Jungs jetzt überhaupt nicht. Sie wollten an die VfB-Spieler ran. Und endlich fanden sie einen Eingang zum Platz. Sie schauten sich um, aber niemand hielt sie auf. Noch zögernd gingen sie hinein und stellten sich an den Spielfeldrand.

»Toll!«, flüsterte Müsli. »So nah war ich noch nie dran.«

Mit großen Augen verfolgten sie das Training. Als sich Baumgartl, Terodde, Akolo und Ginczek beim Eins-gegen-drei-Spielchen bis auf wenige Meter den drei Jungs näherten, waren sie total begeistert.

»Guck mal, was die alles mit dem Ball können«, schwärmte Maximilian.

»Fantastisch!« Mehr brachte Müsli nicht heraus. Und Lunge war völlig sprachlos.

Gerade war Daniel Ginczek in der Mitte und jagte nach dem Ball. Baumgartl hob den Ball elegant über Akolo. Terodde versuchte einen Hackentrick, doch der misslang und der Ball rollte Lunge genau vor die Füße. Er stoppte

ihn und schaute hoch. Vier Profis sahen ihn an und warteten auf den Ball. Lunge spielte ihn zu Terrodde zurück.
»Danke!«
»Bitte«, sagte Lunge, obwohl er sonst nicht so höflich war.
Die drei Jungs ließen keinen Blick von den Spielern. Am liebsten wären sie auf den Platz gelaufen und hätten die Stars angefasst.
»Meint ihr, die geben uns ein Autogramm?«, fragte Maximilian.
»Nach dem Training vielleicht«, meinte Müsli.
»He, es ist ja schon Viertel nach vier«, stellte Maximilian erstaunt fest. Die Zeit war wie im Flug vergangen.
»Wir müssen zur B-Jugend«, drängte er.
Aber Lunge und Müsli konnten sich nicht von den VfB-Spielern trennen.
»Was macht ihr denn hier?«, fragte plötzlich eine Stimme. Sie gehörte einem Mann in Arbeitskleidung, der mit einer Schubkarre angefahren kam.
»Wir ... wir suchen die B-Jugend«, antwortete Maximilian.
»Dann seid ihr hier aber falsch«, brummte der Mann.
»Das habt ihr ja wohl schon gemerkt.«
Maximilian nickte.
»Die B-Jugend trainiert auf Platz drei.«
»Und wo ist der?«
Der Mann stellte seine Schubkarre ab. »Ihr müsst hinter dem Clubhaus vorbei, dann seht ihr den Platz schon. Aber der Trainer hat Besuch während des Trainings nicht gern. Was wollt ihr überhaupt?«
»Wir müssen etwas fragen«, antwortete Maximilian und

zog seine Freunde mit. Die drei gingen den beschriebenen Weg entlang und schauten dabei immer wieder zu den trainierenden Profis zurück.

»Hoffentlich sind die nachher noch da«, sagte Lunge. »Ich möchte unbedingt ein Autogramm von Baumgartl und Terodde.«

»Ich auch. Und noch eins von Badstuber.«

»Und ich am liebsten von allen«, sagte Müsli.

Auf Platz drei war das Training der B-Jugend schon in vollem Gang. Maximilian, Müsli und Lunge schauten eine Weile zu.

»Das ist aber nicht viel anders als unser Training«, stellte Lunge erstaunt fest.

»Was willst du im Fußball groß anders trainieren?«, fragte Maximilian. »Laufen, Gymnastik und Technik, damit du Kondition hast, beweglich bist und mit dem Ball umgehen kannst. Darauf kommt es an. Etwas anderes machen die Stars auch nicht, das haben wir ja vorhin gesehen.«

»Aber die machen es viel besser«, sagte Lunge.

»Klar, weil sie auch viel mehr trainieren.«

Während sich die drei noch unterhielten, kam ein Junge in ihre Nähe, um einen Ball zu holen.

»He!«, rief Lunge leise und winkte dem Jungen. »Kannst du mal kurz herkommen?«

»Ich?«, fragte der Junge.

»Ja du.«

Der Junge schaute sich nach dem Trainer um.

Der lief gerade in die andere Spielhälfte. Da kam der Junge näher. »Was ist?«

»Hat bei euch mal ein Robert Romer mitgespielt?«, fragte Lunge.

»Mitgespielt?« Der Junge schüttelte den Kopf. »Nö. Mittrainiert hat er ein paar Wochen. Aber gespielt hat er nur einmal, als unsere halbe Mannschaft grippekrank war.«
»He, David!«, rief der Trainer. »Was gibt's denn da drüben?« Und schon kam er angelaufen.
»Die haben nach Robert Romer gefragt«, sagte David schnell und lief zurück aufs Spielfeld.
»Ich mag es nicht, wenn meine Jungs beim Training abgelenkt werden«, sagte der Trainer.
»Entschuldigung«, murmelte Maximilian.
»Robert Romer – warum interessiert euch denn der?«, wollte der Trainer wissen.
»Der ... der ist jetzt bei uns«, antwortete Maximilian. »Und gleich beim ersten Training hat er dauernd vom VfB erzählt und ...«
»Das kann ich mir gut vorstellen«, unterbrach ihn der Trainer. »Also, normalerweise rede ich nicht über meine Jungs, auch nicht über die, die den Verein gewechselt haben. Aber Robert Romer hat ja nicht richtig zu uns gehört. Und wir sind alle froh, dass er wieder weg ist, obwohl er fußballerisch einiges draufhat. Der ist ein Angeber und Unruhestifter, wie ich noch keinen erlebt habe. So einer ist Gift für jede Mannschaft.« Der Trainer schaute kurz aufs Spielfeld. Dann fragte er: »Woher kommt ihr denn?«
»Aus Albstadt.«
»Albstadt?« Der Trainer dachte kurz nach. »Der FC 07 Albstadt hat doch eine recht gute B-Jugend, stimmt's?«
»Da spielen wir«, sagte Müsli stolz.
»Und ihr seid extra von Albstadt nach Stuttgart gekommen, um rauszukriegen, was der Romer für einer ist?« Der Trainer schüttelte den Kopf. »So etwas habe ich noch nicht

erlebt. Also, wenn ich euch einen Rat geben darf, haltet den Romer von eurer Mannschaft fern. Sonst bekommt ihr garantiert eine Menge Probleme. Mehr sage ich dazu nicht. So, jetzt muss ich wieder zu meinen Jungs. Tschüss und macht's gut!«

»Danke«, sagte Maximilian. »Äh ... können Sie ...«

»Was ist denn noch?«

»Wir ... wir möchten gern Autogramme«, antwortete Maximilian. »Können Sie das denen da drüben«, dabei zeigte er zu den Profis, »nicht sagen?«

»Nee.« Der Trainer lächelte. »Aber für drei so forsche Jungs wie euch dürfte das wohl kein Problem sein. Die da drüben beißen nämlich nicht.« Und schon war er weg.

»Na, was hab ich gesagt?«, fragte Lunge. »Der Romer ist ein arrogantes Arschloch, sonst nichts. Aber der kann was erleben beim nächsten Training!«

»Der wird unsere Mannschaft nicht durcheinanderbringen«, sagte Müsli. »Dafür werden wir sorgen.«

Die drei gingen zurück zu den Profis. Die machten gerade ein Trainingsspiel, weiße Hemden gegen rote Hemden. Während der Ball durch die Reihen lief, pfiff der Trainer einfach ab. Dann mussten alle Spieler genau auf ihrer Position stehen bleiben und der Trainer erklärte, was falsch war und wie es besser gewesen wäre.

»Das ist ja genau wie bei uns«, wunderte sich Müsli. »Ich habe immer gedacht, die Profis wüssten und könnten alles.«

»Dann bräuchten sie ja keinen Trainer und nicht mehr zu trainieren«, sagte Maximilian.

»Hoffentlich machen sie bald Schluss«, murmelte Lunge. Er hielt Kuli und Notizblock in der Hand. Beides hatte er mitgenommen, um eventuell im »Fall Romer« etwas notieren zu können. An Autogramme hatte er zu Hause nicht gedacht. Trotzdem sagte er jetzt: »Wenn ich nichts zu schreiben dabeihätte, wäre es mit den Autogrammen Essig.«

»Gut, dass wir dich mit deinem sechsten Sinn haben«, neckte Müsli ihn.

Lunge ging nicht darauf ein. Stattdessen sagte er: »Philipp wird Augen machen, wenn wir mit den Autogrammen nach Hause kommen.«

»Und wenn wir ihm erzählen, dass wir den Profis beim Training zugeschaut haben und ganz dicht dran waren«, ergänzte Maximilian.

»Selber schuld«, sagte Müsli. »Er hätte ja mitkommen können. Aber vielleicht ist ihm das jetzt sowieso alles egal.«

In die Unterhaltung hinein fiel ein lang gezogener Pfiff. Die Profis mussten noch ein wenig auslaufen, dann war das Training beendet.

Lunge, Müsli und Maximilian waren jetzt furchtbar aufgeregt. Sie erwarteten die Spieler am Spielfeldrand. Als Erster kam Timo Baumgartl. Lunge hielt ihm Block und Kuli hin. »Können wir ein Autogramm haben?«

Ohne ein Wort zu sagen, schrieb Baumgartl ein Autogramm.

»Für jeden von uns eins«, sagte Müsli.

Mürrisch sudelte Baumgartl seinen Namen noch zweimal auf den Block. Nach ihm kam Ginczek. Während er die Autogramme schrieb, liefen Terodde und Akolo vorbei. Aber von den meisten erhielten die Jungs Autogramme. Und manchmal gab es auch noch ein paar freundliche Worte.

Als Letzter kam Holger Badstuber. »Na, wollt ihr von mir auch noch eins?«

»Ihres ist am wichtigsten«, sagte Maximilian.

»Danke für das Kompliment.« Er nahm ein neues Blatt und fragte: »Wie heißt du denn?«

»Maximilian Schulte.«

Für Maximilian von H. Badstuber, schrieb Badstuber.

Lunge und Müsli bekamen auch so ein besonderes Autogramm.

»Könnten Sie noch eines für unseren Freund Philipp schreiben?«, bat Maximilian.

»Dann ist aber Schluss«, sagte Badstuber. »Sonst duschen die anderen mir das ganze Wasser weg.« Er schrieb das Autogramm für Philipp. »Macht's gut, ihr drei!«

»Sie auch«, sagte Müsli.

Die drei schauten ihm nach, bis er hinter einer Hecke verschwunden war. Dann bestaunten sie die Autogramme. Lunges halber Block war voll damit.

»Yippiiie!«, rief Müsli plötzlich und tanzte wie Rumpelstilzchen auf dem Platz herum.

10. Kapitel

Maximilian, Müsli und Lunge erzählten nur Philipp, was sie bei ihrem Besuch in Stuttgart erfahren und erlebt hatten. Und jeder musste versprechen, bis zum nächsten Training nichts zu verraten.

»Nicht einmal deiner Samira.« Müsli konnte sich das Sticheln nicht verkneifen.

Es wollte ihm nicht in den Kopf, dass für Philipp nun nicht mehr seine Freunde und der Fußball das einzig Wichtige waren.

»Fang nicht schon wieder damit an«, sagte Philipp. »Samira hat mit uns gar nichts zu tun.«

»Hat sie doch«, behauptete Müsli. »Wegen ihr bist du nicht mit nach Stuttgart gefahren.«

»Stimmt ja gar nicht!«, widersprach Philipp. »Ich musste meiner Mutter im Garten helfen. Und wenn ihr das nicht glaubt, lasst ihr's eben bleiben. Mir doch egal.« In Wirklichkeit wurmte es ihn aber doch, dass es mit seinen Freunden wegen Samira Reibereien gab. Aber er hatte einfach keine Lust, mit ihnen darüber zu sprechen.

»Hört auf damit!«, sagte Maximilian schließlich.

Müsli schwieg. Aber er glaubte immer noch, dass Philipp gelogen hatte.

Auch zum nächsten Training kam Robert Romer wieder im VfB-Dress. Die meisten fanden das lächerlich. Doch ein paar beneideten Robert, dass er bei einem so tollen Verein wie dem VfB gespielt hatte. Die vier Musketiere schauten sich vielsagend an.

Na warte, konnte man auf Lunges Gesicht lesen.

Kaum waren die Jungs auf dem Platz, bildeten sich die üblichen Grüppchen.

Meistens waren es drei oder vier, die sich die Bälle zuspielten, bevor das Training begann.

Robert schnappte sich einen Ball und jonglierte ihn elegant. »Das muss beim VfB jeder mindestens hundertmal können«, sagte er laut.

Die vier Musketiere nickten sich zu und Lunge fragte so laut, dass es alle hören konnten: »Wie oft hast du denn beim VfB gespielt?«

Robert fiel der Ball vom Fuß. »Wieso?«, fragte er zurück. »Ich hab's nicht gezählt.«

»Ach so, du hast es nicht gezählt«, sagte Lunge spöttisch. »War es denn so oft?«

»Was geht dich das an?«, zischte Robert und nahm den Ball wieder auf.

Alle anderen Bälle ruhten, weil die Jungs und auch der Trainer merkten, dass etwas in der Luft lag.

»Ich dachte, bis eins könntest sogar du zählen!«, platzte Müsli heraus.

Robert stoppte den Ball. »Wieso bis eins?«

»Weil du nur einmal gespielt hast!«, rief Müsli.

Robert tippte sich an die Stirn. »Du tickst ja nicht ganz richtig!«

»Pass bloß auf, du!«, drohte Müsli.

»He, was ist denn mit euch los?«, mischte sich der Trainer jetzt ein.

»Das ist der Neid«, sagte Robert.

Da rannte Müsli los und stürzte sich auf Robert. Bevor der Trainer dazwischengehen konnte, musste das Großmaul ein paar saftige Schläge einstecken.

»Sag mal, spinnst du!«, rief der Trainer und hielt Müsli fest. »Hier wird nicht geprügelt!«

»Der hat überhaupt nicht beim VfB gespielt!«, schrie Müsli. »Dieser großkotzige Angeber!«

»Woher willst du denn das wissen, du ...«

»Halt die Klappe!«, unterbrach der Trainer Robert. Und zu Müsli sagte er: »Jetzt beruhige dich erst mal.«

Inzwischen standen Maximilian, Lunge und Philipp zwischen Müsli und Robert.

»Ich will jetzt sofort wissen, was hier los ist«, sagte der Trainer scharf.

Müsli wollte etwas sagen, aber Maximilian kam ihm zuvor: »Wir waren in Stuttgart beim VfB und haben uns erkundigt«, begann er. Dann erzählten er, Lunge und Müsli abwechselnd die ganze Geschichte. Die Jungs bekamen große Augen und lange Ohren. Nur Robert wurde immer kleiner.

Zum Schluss sagte Lunge: »Der VfB-Trainer hat uns geraten, den da ja nicht in unsere Mannschaft aufzunehmen, weil er ein großer Angeber und Unruhestifter ist. Und das stimmt, das haben wir ja sofort gemerkt.«

Jetzt richteten sich alle Augen auf Robert. Der drehte sich um und verließ mit hängenden Schultern den Platz. In diesem Augenblick tat er Philipp fast leid und er überlegte kurz, ob man die Sache nicht anders hätte klären können. Aber dafür war es jetzt zu spät.

Kaum war Robert weg, redeten alle durcheinander. Die

anderen wollten noch jede Menge von Maximilian, Lunge und Müsli wissen. Sogar der Trainer war so neugierig, dass er das Training für eine Weile vergaß. Und als Lunge seine Autogramme aus der Umkleidekabine holte, fielen den anderen beinahe die Augen aus dem Kopf.

»*Für Lukas von H. Badstuber*«, las Plattfuß halblaut. Und an seiner Stimme hörte man, dass er auch gern so ein tolles Autogramm besitzen würde.

»Wisst ihr, was?«, fragte der Trainer plötzlich. »Wenn wir die Meisterschaft gewinnen, fahre ich mit euch in die Mercedes-Benz Arena. Wir schauen uns ein Bundesligaspiel an und ich sorge dafür, dass ihr alle Autogramme bekommt.«

Die Jungs waren begeistert.

»Dann müssen wir aber vorher noch kräftig trainieren!«, rief der Trainer. »Denkt daran, am Samstag haben wir ein schweres Spiel. Also los, an die Bälle!«

11. Kapitel

Am Samstag wachte Philipp schon früh auf. Nach dem Frühstück lungerte er in seinem Zimmer herum und hörte Musik. Er war unruhig, unruhiger als sonst vor einem wichtigen Spiel. Später schickte ihn seine Mutter zum Metzger und anschließend sollte er staubsaugen.

»Ich will auch staubsaugen«, sagte Emilie.

»Das kannst du nicht«, erwiderte die Mutter. »Dafür bist du noch zu klein. Aber dein Zimmer kannst du mal wieder aufräumen.«

»Aufräumen ist mir zu schwer«, behauptete Emilie. »Ich will lieber staubsaugen.«

»Hier, bitte!« Philipp drückte ihr den Staubsauger in die Hand.

»Das könnte dir so passen«, sagte die Mutter. »Deine kleine Schwester für dich staubsaugen zu lassen.«

»So klein ist sie auch nicht mehr.«

»Genau.« In diesem Fall war Emilie sich ausnahmsweise mal mit ihrem Bruder einig.

Aber alles Reden half nichts. Philipp musste staubsaugen, Emilie ihr Zimmer aufräumen. Danach wollte sie mit ihrem Bruder etwas spielen. Aber Philipp hatte keine Lust. Er hatte überhaupt zu nichts Lust. Dauernd schaute er auf die Uhr.

Gegen Mittag packte er seine Fußballtasche, was er jetzt nicht mehr heimlich tun musste. Nach dem Mittagessen, bei dem er einen halb vollen Teller stehen ließ, fuhr er mit seinem Fahrrad in Richtung Badcap. Auf halber Strecke bog er rechts ab in einen Feldweg und fuhr bis zu einem frei stehenden Baum. Unter dem Baum stand eine alte Holzbank.

Philipp stellte sein Rad ab und setzte sich auf die Bank.

Es dauerte etwa 20 Minuten, bis wieder jemand auf einem Fahrrad von der Straße abbog und den Feldweg entlangkam.

»Wartest du schon lange?«, fragte Samira.

»Nö«, antwortete Philipp, obwohl diese 20 Minuten die längsten seines Lebens gewesen waren.

Samira lehnte ihr Rad gegen den Baum und setzte sich neben Philipp.

Beide guckten vor sich auf den Boden.

»Sollen wir ein bisschen spazieren gehen?«, fragte Samira nach einer Weile.

»Wenn du willst.«

»Meinst du, wir können unsere Räder einfach hier stehen lassen?«

»Warte.« Philipp lehnte sein Rad an das von Samira. Dann nahm er sein Schloss und kettete die beiden Räder aneinander.

»Jetzt gehören sie zusammen«, sagte Samira.

Genau wie wir, hätte Philipp gern gesagt. Aber das traute er sich nicht.

Die beiden schlenderten durch die Felder. Philipp hätte Samira gern berührt, aber auch das traute er sich noch nicht.

»Hast du in dem Buch schon gelesen?«, fragte Samira.

»Den Anfang.«

»Und?«

Philipp zog die Schultern hoch. »Bis jetzt kann ich noch nicht viel dazu sagen.«

Wieder starb das kaum begonnene Gespräch ab. Aber in den Köpfen wirbelten die Worte und Sätze nur so durcheinander.

»Woran denkst du?«, wollte Samira wissen.

»An dich«, antwortete Philipp sofort.

»An mich brauchst du doch nicht zu denken«, sagte Samira. »Ich bin ja hier.«

»Ich denke trotzdem an dich.« Philipp schaute sie an. »Oder darf ich das nicht?«

Samira nickte. »Klar.«

»Und woran denkst du?«, fragte Philipp. Im selben Augenblick kam er sich blöd vor und schämte sich für diese Frage.

»Rate mal!«

Philipp war froh über die Antwort. Er tat so, als denke er angestrengt nach. »An ein Buch.«

»Falsch.«

»An unsere Fahrräder.«

»Auch falsch.«

Philipp kratzte sich am Kopf. »Dann weiß ich's nicht.«

Da spürte er plötzlich Samiras Hand an seiner Hand. Ein Schauder überlief ihn, er fühlte, wie er am ganzen Körper wie elektrisiert war von dieser kleinen, zärtlichen Berührung.

Er ließ seine Hand antworten und streichelte vorsichtig ihre Finger. Während sie Hand in Hand schweigend weitergingen, schien die Welt um sie herum zu versinken – es gab für Philipp nichts mehr außer Samira und er wünschte sich, für immer einzutauchen in dieses unbeschreiblich schöne Gefühl.

Es dauerte lange, bis die beiden wieder in die Wirklichkeit zurückkamen.

Sie hatten nicht wahrgenommen, dass sie schon am Waldrand waren.

»Gehen wir weiter?«, fragte Samira.

»Ja«, sagte Philipp. Und er dachte: Am liebsten bis ans Ende der Welt, auch wenn sich das furchtbar kitschig anhört. Denn er wollte Samiras Hand nicht loslassen, nie mehr.

»Ich war schon lange nicht mehr in einem Wald«, sagte Samira. »Als Kind hatte ich immer Angst vor Wäldern. Sie kamen mir so dunkel und unheimlich vor. Aber so dunkel ist es hier gar nicht.«

»Ich glaube, allein wäre ich nicht gern in so einem Wald«, gestand Philipp. »Aber zu zweit ist es ganz anders. Viel schöner.«

Er spürte, dass Samira seine Hand ein wenig fester drückte, und erwiderte den sanften Druck.

Ohne viel zu reden, gingen sie langsam durch den Wald. Irgendwann sagte Samira: »Ich glaube, wir müssen zurück, sonst kommst du noch zu spät zum Spiel.«

An das Spiel hatte Philipp in der letzten halben Stunde mit keinem Gedanken gedacht und jetzt erschrak er fast ein bisschen. Er wollte auf die Uhr schauen, aber dazu hätte er Samiras Hand loslassen müssen.

Samira schien seine Gedanken zu ahnen und sagte: »Es ist Viertel nach zwei.«

»Das reicht noch gut«, sagte Philipp.

Trotzdem drehten die beiden um und gingen zurück. Ihre Fahrräder lehnten noch immer einträchtig zusammen an dem Baum. Philipp öffnete das Schloss. Nebeneinander fuhren sie auf dem holprigen Feldweg. Philipp streckte den Arm aus, Samira gab ihm die Hand. Doch das brachte sie beide gewaltig ins Schlingern.

»Lass los, Philipp, sonst stürzen wir!«

Schnell ließ er ihre Hand los. Er guckte Samira von der Seite an und hätte singen können vor Glück.

Eine Stunde später betrat er pfeifend die Umkleidekabine des FC 07 Albstadt – und zwar wie meistens als Letzter.

»Wo warst du denn?«, fragte Müsli. »Wir wollten dich abholen, aber bei dir zu Hause wusste niemand, wo du steckst.«

»Wenn die Sache mit deinen Eltern jetzt geklärt ist, könntest du ruhig etwas früher kommen«, meckerte der Trainer.

»Ich bin doch hier«, sagte Philipp und begann, sich umzuziehen. Dabei summte er vor sich hin.

»Bei dem ist 'ne Schraube locker«, sagte Louis.

Philipp reagierte nicht.

Müsli verdrehte die Augen: »Ich sage dazu nur ein Wort: Samira!«

»Sei still!«, zischte Maximilian.

»Lass ihn doch!«, sagte Philipp ruhig. »Der kann mich damit nicht mehr ärgern.«

»Ihr sollt euch jetzt nicht ärgern, sondern auf das Spiel konzentrieren«, ermahnte sie der Trainer. »Wir beginnen wie gegen Reutlingen, also gleich mit drei Spitzen. So wie wir es im letzten Training besprochen und geübt haben. Dann packen wir auch die Ulmer. Alles klar?«

»Alles klar«, kam es etwas lasch zurück.

»Wie bitte?«, fragte der Trainer und legte die Hand ans Ohr.

»Alles klar!«, donnerte es durch die Kabine, dass die Wände wackelten.

»Gut so, raus mit euch!«

Philipp war noch nicht ganz fertig und zu allem Übel riss ihm auch noch ein Schnürsenkel ab.

Der Trainer zog die Augenbrauen hoch. »Nun beeil dich mal ein bisschen!«

Aber Philipp konnte heute nichts aus der Ruhe bringen, nicht einmal der Pfiff des Schiedsrichters. Er fühlte einfach: Heute würde es gut laufen. Supergut.

Der Trainer hatte einen anderen Eindruck. »Na, das kann ja heiter werden«, murmelte er, als Philipp endlich draußen war.

Philipps erster Blick ging zum Spielfeldrand. Samira war da. Sie winkte ihm zu, er winkte kurz zurück.

Maximilian hatte die Platzwahl mal wieder verloren. Er stand am Anspielpunkt, wartete auf Philipp und schaute ihn an.

»Bist du okay?«

»Und ob!«

»Sollen wir's versuchen wie gegen Reutlingen?«

Philipp nickte und grinste. »Vielleicht klappt es ja noch mal.«

»Beide Mannschaften fertig?«, rief der Schiedsrichter und pfiff das Spiel an.

Maximilian schob den Ball zu Philipp und lief los. Philipp machte eine leichte Drehung, als wolle er den Ball nach hinten zu Müsli spielen. Gleichzeitig schielte er nach vorn zu Maximilian und wartete mit dem Pass so lange, bis ein Ulmer angriff. Erst im letzten Augenblick schlug er den Ball hoch nach vorn. Die Ulmer Abwehrspieler waren von diesem Beginn genauso überrascht, wie es die Reutlinger gewesen waren. Und wieder erwischte Maximilian das runde Leder, zog unwiderstehlich davon und hob den Ball gefühlvoll über den herauslaufenden Torwart ins Tor. Sekunden später lagen sich Maximilian und Philipp in den Armen.

Die Albstädter Zuschauer waren von diesem Auftakt natürlich begeistert. Besonders ein Mann, der etwas abseits an einer Ecke des Clubheims stand.

Nachdem Maximilian und Philipp von allen überschwänglich gratuliert worden war, konnte der Schiedsrichter das Spiel wieder anpfeifen. Die verdatterten Ulmer versuchten zuerst einmal, den Ball in den eigenen Reihen zu halten. Doch damit waren die Albstädter natürlich nicht einverstanden. Sie griffen sofort an, störten die Ulmer schon bei der Ballannahme und zwangen sie so zu ungenauen Abspielen. Als die Ulmer Nummer sechs wieder mal einen Querpass spielte, spritzte Philipp dazwischen. Er trieb den Ball in die gegnerische Hälfte, umkurvte einen Ulmer und passte zum mitgelaufenen Maximilian. Der spielte direkt weiter auf den linken Flügel. Louis erwischte den Ball gerade noch vor der Außenlinie, lief ein paar Meter und zog eine tolle Bananenflanke vor das Tor. Maximilian und zwei Ulmer stiegen hoch, doch der Ball segelte über sie hinweg – genau zu Philipp. Der stoppte ihn elegant mit der Brust und knallte ihn dann aus der Luft unhaltbar ins lange Eck.

»Tooor!«, schrien die Zuschauer und waren völlig aus dem Häuschen.

Samira hüpfte vor Freude und wäre Philipp am liebsten um den Hals gefallen. Aber das taten schon seine Mitspieler für sie.

»Wahnsinn!«, brüllte Lunge. »Das Tor war absoluter Wahnsinn!«

Philipp machte sich mühsam los, lief an den Spielfeldrand, strahlte Samira an und sagte: »Das Tor war für dich.«

»Danke!«

Auf dem Weg zurück rief Müsli Philipp zu: »Wenn man solche Tore schießt, weil man ein Mädchen hat, dann such ich mir auch eins!«

»Versuch's mal«, sagte Philipp lachend. »Das ist wie eine Droge!«

Und Philipp spielte tatsächlich wie im Rausch. Er war überall zu finden, und was er auch machte, es gelang ihm. Mehrfach bekam er Beifall für seine tollen Tricks. Bis zur Halbzeit bereitete er noch ein Tor vor und das 4:0 erzielte er nach einem sehenswerten Solo selbst. Auf dem Weg in die Kabine wurde Philipp von allen Seiten beglückwünscht.

»Mannomann«, sagte plötzlich jemand neben ihm. »Das war wirklich super.«

»Papa!«, rief Philipp und warf sich seinem Vater in die Arme. Trotz des Trubels um sie herum waren die beiden ein paar Augenblicke lang ganz allein mit sich.

In der Kabine wunderten sich Philipps Mannschaftskameraden und der Trainer, dass Philipp so in sich gekehrt war. Jetzt verstanden sie überhaupt nichts mehr. Vor Spielbeginn hatte er gepfiffen und gesungen, obwohl er angemeckert worden war. Und nach einer fantastischen ersten Halbzeit saß er wie abwesend auf seinem Platz.

Keiner sagte etwas. Sogar Müsli, der sonst oft versuchte, mit einem Witz Leben in die Bude zu bringen, schwieg betreten.

»Was ist denn los mit euch?«, fragte Philipp, als ihn die ungewöhnliche Stille erreichte. »Seid ihr krank?«

Damit war der Bann gebrochen. Jetzt redeten alle durcheinander. Sie schilderten sich gegenseitig noch einmal die Tore und die schönsten Spielzüge, als müssten sie sich überzeugen, dass alles auch wirklich so geschehen war.

Auch der Trainer schwärmte von der tollen Leistung. »Heute wart ihr alle sehr gut, aber Philipp war super. So habe ich noch keinen B-Jugendlichen spielen sehen.« Er klopfte Philipp auf die Schulter. »Das haben auch die Ulmer gesehen. Sie werden in der zweiten Halbzeit natürlich versuchen, Philipp durch einen Sonderbewacher auszuschalten.«

»Den kann heute keiner ausschalten«, sagte Maximilian.

»Und wenn sie zwei Mann auf ihn ansetzen, habt ihr anderen dafür mehr Raum«, sagte der Trainer. »Auf jeden Fall dürft ihr nicht nachlässig werden oder nur noch zaubern wollen. Auch ein 4:0-Vorsprung bei Halbzeit ist noch kein Sieg. Und am Ende könnte diesmal das Torverhältnis über die Meisterschaft entscheiden. Also versucht, weiter Druck zu machen und Tore zu schießen.«

Philipp bekam von all dem Gerede nicht viel mit. Seine Gedanken waren draußen bei seinem Vater und bei Samira. Als der Schiedsrichter zur zweiten Halbzeit pfiff, schwebte Philipp auf Wolke sieben hinaus.

Sein Vater gab ihm einen aufmunternden Klaps. »Mach weiter so!«

Philipp guckte ihn verblüfft an und nickte. Er konnte es immer noch nicht richtig fassen, dass sein Vater hier war und ihm zuschaute. Wie lange hatte er sich das gewünscht? Samira stand noch am gleichen Platz. Sie strahlte ihn an und hielt den Daumen hoch. Philipp lächelte zurück und hob kurz die Hand.

Die zweite Halbzeit begann und wie vermutet setzten die Ulmer gleich zwei Mann auf Philipp an. Aber wer auf Wolke sieben schwebt, ist auch von zwei Sonderbewachern nicht zu stoppen. Philipp entwischte den beiden immer wieder, obwohl sie ganz schön zur Sache gingen. Schon nach zehn Minuten bekam der erste für ein grobes Foul die Gelbe Karte. Wenig später erkämpfte Lunge den Ball und spielte ihn sofort zum frei stehenden Maximilian. Einer von Philipps Sonderbewachern musste Maximilian angreifen. Aber welcher? Diese kurze Unaufmerksamkeit nutzte Philipp, löste sich geschickt, bekam von Maximilian den Ball und lief los. Rechts neben ihm tauchte plötzlich der Blitz aus Bitz auf. Philipp spielte ihm den Ball genau in den Lauf, spurtete auf halb rechts in den freien Raum und erhielt den Ball zurück. Da kam schon ein Ulmer Innenverteidiger angestürmt. Philipp lupfte den Ball mit viel Gefühl über ihn hinweg und lief an ihm vorbei. Jetzt hatte er nur noch den Torwart vor sich und täuschte einen Schuss ins linke Eck an. Der Torwart fiel auf den Trick herein und Philipp hatte keine Mühe, den Ball ins Tor zu schieben. Sofort drehte er ab, lief zu seinem Vater und rief: »Das war für dich!«

»Nimm dich vor dem Sechser in Acht!«, rief der Vater ihm zu. Doch das hörte Philipp nicht, weil inzwischen seine Mannschaftskameraden an ihm hingen.

Es dauerte keine zwei Minuten, da hatte Philipp seine beiden Bewacher schon wieder vernascht und stürmte dem Ulmer Tor entgegen. Doch diesmal hetzte die Nummer sechs hinter ihm her und trat ihm kurz vor der Strafraumgrenze brutal in die Beine. Philipp stürzte, schrie auf und überschlug sich ein paarmal.

»Philipp!« Sein Vater lief, so schnell es sein Bein erlaubte, auf den Platz. Er packte den Treter an den Schultern und schüttelte ihn so heftig, dass es aussah, als würde ihm gleich der Kopf abfallen. »Du Schwein!«, schrie er. »Dich sollte man ...«

»Was soll denn das?«, rief der Schiedsrichter und ging dazwischen. »Verlassen Sie sofort das Spielfeld!«

Aber Philipps Vater war außer sich. »Den Kerl werde ich ...«

»Papa, nicht!«, bat Philipp mit schmerzverzerrtem Gesicht.

»Gar nichts werden Sie!«, rief der Schiedsrichter. »Das ist meine Sache!«

Inzwischen war auch der Trainer da und drängte Philipps Vater zurück. »Seien Sie doch vernünftig, das bringt doch nichts!«

»Aber mein Philipp«, sagte er und schaute zum ersten Mal nach seinem Sohn. »Philipp, was ist?«

»Ich weiß nicht.« Philipp rieb seinen rechten Knöchel.

»Kannst du aufstehen?« Der Vater und der Trainer beugten sich zu Philipp hinunter. Auch seine Freunde standen um ihn herum und schauten besorgt.

Der Schiedsrichter rief den Sanitäter. Der sprühte zuerst einmal kräftig Eisspray auf Philipps Knöchel. Dann half er ihm beim Aufstehen. Philipp biss die Zähne zusammen.

»Geht's?«, fragte der Sanitäter.

Philipp schüttelte den Kopf.

»Bringen Sie ihn bitte hinaus«, bat der Schiedsrichter. Dann winkte er die Ulmer Nummer sechs zu sich und zog die Rote Karte.

Während der ganzen Szene hatte Samira unbeweglich am Spielfeldrand gestanden und kaum noch geatmet. Jetzt ging sie langsam zu dem Tor, hinter dem Philipp untersucht wurde. Sie blieb ein paar Meter entfernt stehen und hörte, wie der Sanitäter sagte: »Gebrochen ist höchstwahrscheinlich nichts. Aber er sollte trotzdem ins Krankenhaus gebracht werden. Dort können sie den Fuß röntgen und gleich richtig behandeln.«

Philipp wurde auf eine Trage gelegt. Auf dem Weg zum Ausgang sah er Samira und versuchte zu lächeln. »Ich ruf dich an, wenn ich wieder zu Hause bin«, sagte er.

Sie nickte und berührte im Vorbeigehen ganz leicht seine Hand.

Draußen setzte sich Philipp im Wagen seines Vaters auf den Rücksitz und legte das verletzte Bein hoch.

»Soll jemand mitkommen?«, fragte der Trainer.

Samira, wäre es Philipp beinahe rausgerutscht.

»Nicht nötig«, meinte der Vater, stieg ein und fuhr los. Er schien in Gedanken weit weg zu sein und es dauerte eine ganze Weile, bis er etwas sagte: »Hast du Schmerzen?«

»Es geht«, antwortete Philipp und fügte hinzu: »Es ist nicht so schlimm, Papa, ganz bestimmt nicht.« Doch in seiner Stimme klang Angst mit.

»Du bist ein toller Fußballer«, lobte ihn der Vater, um ihn zu beruhigen.

»Das habe ich von dir geerbt.«

»Hoffentlich hast du nicht auch mein Pech geerbt.«

»So viel Pech gibt es in einer Familie nicht zweimal«, meinte Philipp und gab sich alle Mühe, zuversichtlich zu klingen.

12. Kapitel

Als Philipp und sein Vater nach Hause kamen, saßen Lunge, Müsli und Maximilian mit der Mutter und Emilie im Wohnzimmer.

Die Mutter hatte von den anderen natürlich gehört, was passiert war. Es war ihr anzusehen, dass sie sich sehr aufgeregt hatte.

Sie sah verweint aus, doch jetzt schien sie erleichtert, dass Philipp zwar humpelnd, aber immerhin auf eigenen Beinen kam. Sie nahm ihn in die Arme, was ihm vor seinen Freunden peinlich war.

»Und?«, fragte sie.

»Nur eine Prellung und eine Bänderdehnung«, antwortete Philipp.

»Nur?«, fragte die Mutter. »Das reicht ja wohl.«

»Tut es arg weh?«, fragte Emilie.

»Nö, halb so schlimm.« Philipp schaute seine Freunde an. »Was macht ihr denn hier?«

»Wir wollen wissen, was mit dir los ist«, antwortete Lunge. »Ist doch klar.«

»Ich lebe noch, wie ihr seht. Wie haben wir eigentlich gewonnen?«

»5:1«, antwortete Maximilian. »Irgendwie war der Wurm drin, als du nicht mehr da warst.«

»Was? Ihr habt kein Tor mehr geschossen, ihr Flaschen!«, versuchte Philipp zu scherzen. Aber niemand lachte.

»Wie ... wie lange wird es denn dauern ...«

»In zwei Wochen kann ich wieder spielen, hat der Arzt gesagt.«

»Das wird sich zeigen«, sagte die Mutter. »Werd erst mal wieder gesund!«

»Ich bin doch nicht krank, Mama!«

Emilie nickte. »Philipp hat ja gar kein Fieber und kein Bauchweh.«

»Genau«, sagte Philipp. »Und ohne Fieber und Bauchweh ist man auch nicht krank.«

»Jaja, mach du nur Witze darüber. Ich habe erlebt, wie schnell beim Fußball etwas passieren kann.« Die Mutter schüttelte den Kopf.

»Darüber haben wir doch ausführlich gesprochen«, sagte jetzt der Vater.

Philipps Freunde fühlten sich nicht ganz wohl in ihrer Haut. Maximilian gab Müsli und Lunge ein Zeichen. Sie verabschiedeten sich und gingen.

Philipp wollte keine weitere Diskussion und humpelte in sein Zimmer. Er wollte wie versprochen Samira anrufen und für dieses Gespräch konnte er keine Zuhörer gebrauchen.

Samira schien auf den Anruf gewartet zu haben, denn sie war sofort dran. Philipp erzählte ihr, dass die Verletzung nicht so schlimm sei, worüber sie sich natürlich sehr freute. Sie wollte wissen, ob er Schmerzen habe. Obwohl ihm der Fuß ziemlich wehtat, sagte er: »Ach was, halb so schlimm.« Und im Stillen dachte er, dass Samira überhaupt das beste Heilmittel für ihn war. Wenn er mit ihr reden konnte, ging es ihm gleich viel besser. Er wünschte sich, sie wäre jetzt bei ihm.

Nachdem sie sich verabschiedet hatten, legte er sich aufs Bett und schloss die Augen. Nach einer Weile tauchten die schönen Bilder dieses Tages vor ihm auf. Er ließ sie an seinem inneren Auge vorüberziehen und lächelte. Es war der schönste Tag in seinem Leben gewesen – bis dieser Idiot mit einem Tritt alles kaputt machte.

Nein, nicht alles. Philipp öffnete die Augen. Wenn er genau darüber nachdachte, hatte der Tritt gar nichts kaputt gemacht. Im Gegenteil. Dass sein Vater auf den Platz gerannt kam und sich so aufgeführt hatte, zeigte doch nur, wie sehr er ihn mochte. Schon allein, dass er zum Zuschauen gekommen war, schien Philipp fast unglaublich. Und dann Samira – wenn er daran dachte, wie sie ihn auf der Trage angeschaut und kurz berührt hatte, wurde ihm ganz warm.

Mitten in Philipps Gedanken hinein klopfte es.

»Was ist?«, fragte Philipp etwas unwirsch.

Der Vater öffnete vorsichtig die Tür. »Darf ich reinkommen?«

»Mhm«, machte Philipp nur.

»Dein Trainer hat gerade angerufen und gefragt, wie es dir geht. Er wünscht dir gute Besserung und hofft, dass du bis zum nächsten wichtigen Spiel wieder fit bist.«

»Danke.«

Der Vater nahm Philipps Stuhl und setzte sich. Er hatte etwas auf dem Herzen, das er loswerden wollte. »Also, dass ich heute Nachmittag so ausgerastet bin, tut mir leid. Aber weißt du, als der Ulmer dich von hinten in die Beine getreten hat und du so geschrien hast, ist bei mir blitzartig hochgekommen, wie es damals war. Mich hat nämlich auch einer von hinten umgetreten ...«

»Aber bei dir war es viel schlimmer«, sagte Philipp schnell.

»Ja, so wie es aussieht, hast du mehr Glück gehabt als ich. Nur weiß man das im ersten Augenblick nicht. Deswegen hätte ich den Kerl ...« Der Vater redete nicht weiter. »Na ja, ich wollte es dir nur erklären, nicht dass du noch denkst, dein Vater sei ein Schläger.« Er versuchte zu lächeln.

Philipp wusste nicht, was er sagen sollte.

Sein Vater sah ihn an. »Du hast wirklich großartig gespielt. Ich hätte nicht gedacht, dass du so gut bist.«

Philipp senkte den Blick.

»Aber mir ist etwas aufgefallen.«

»Was denn?«

»Du hast eine Art, deine Gegner auszuspielen, die gefährlich ist. Weißt du, das mit dem Ulmer habe ich fast kommen sehen.«

Philipp runzelte die Stirn. »Versteh ich nicht.«

»Manchmal führst du die anderen richtig vor und machst sie geradezu lächerlich«, erläuterte der Vater. »Das wollen sie dir dann zurückzahlen, denn niemand lässt sich gern lächerlich machen. Darum solltest du das niemals tun, auch wenn du deinen Gegnern technisch weit überlegen bist. Seine schwächeren Gegner lächerlich machen ist nämlich nicht fair; deswegen schlagen sie auch unfair zurück.«

»Aber ich muss meine Gegner doch ausspielen.«

»Ja, sicher. Aber ausspielen und vorführen ist nicht dasselbe«, sagte der Vater. »Ich glaube, du hast schon verstanden, wie ich das meine. Zumindest hoffe ich es. Sonst kann es dir nämlich wirklich so gehen wie mir.«

»Hast du deine Gegner denn auch vorgeführt?«, wollte Philipp jetzt wissen.

»Darüber reden wir ein andermal«, wich der Vater aus und stand auf. An der Tür blieb er stehen. »Äh ... wer war denn das Mädchen?«

»Welches Mädchen?«, fragte Philipp und wurde rot.

»Du weißt schon, wen ich meine.«

»Das ... das war Samira«, murmelte Philipp und fügte schnell hinzu: »Aus meiner Klasse.«

»Und die interessiert sich für Fußball?«

»Hm«, machte Philipp nur.

»Oder interessiert sie sich mehr für dich?«

Philipp antwortete nicht.

»Na ja, geht mich ja auch nichts an«, sagte der Vater und zog die Tür hinter sich zu.

13. Kapitel

Philipp war auf dem Weg zum Sportplatz. Nicht um zu trainieren, nein, dazu war es noch zu früh. Mit dem Fahrradfahren ging es zwar schon ganz gut, aber beim Gehen humpelte er noch ziemlich, und wenn er das Bein richtig belastete, tat es ihm weh.

Jetzt wollte er nur sein Hemd holen und den anderen ein wenig zuschauen. Das Hemd hatte Maximilian vergessen, als er am Samstag nach dem Spiel Philipps Sachen zusammengepackt hatte.

Philipp hörte schon von Weitem, dass seine Mannschaftskameraden trainierten. Er lehnte sein Fahrrad gegen das Eingangstor und ging zur Umkleidekabine. Als er an einem Seitenfenster vorbeikam, sah er, dass Müsli drin war. Philipp wollte schon gegen die Scheibe klopfen, da fiel ihm etwas auf: Müsli war nicht an seinem Platz. Er machte sich an der Jacke des Trainers zu schaffen.

Vielleicht muss er etwas für ihn holen, dachte Philipp. Komisch, dafür schickt er sonst doch immer den Louis.

Philipp ging ein wenig zur Seite und spähte ganz vorsichtig durchs Fenster. Was er dann sah, ließ ihm den Atem stocken: Müsli hatte eine Geldbörse in der Hand. Er schaute sich um und Philipp konnte gerade noch zurückweichen, bevor Müsli ihn entdeckte.

Langsam schob Philipp den Kopf wieder ein wenig vor.

Müsli nahm einen Geldschein aus der Geldbörse, steckte sie wieder in die Jacke und versteckte den Schein in seiner Sporttasche. Dann ging er schnell hinaus.

Philipp lehnte sich an die Mauer. Er war wie vor den Kopf geschlagen. »Das darf nicht wahr sein«, murmelte er vor sich hin. Dass Müsli Geld klaute, fand er schon schlimm genug. Aber ausgerechnet hier auf dem Sportplatz in den Sachen des Trainers herumzuwühlen – das war doch wirklich das Letzte!

Langsam begann es, in Philipps Kopf zu arbeiten. *Ich muss etwas tun. Aber was? Vielleicht merkt der Trainer auch nicht, dass ihm ein Schein fehlt. Papa hat oft ein paar Scheine in seiner Brieftasche und weiß nicht genau, wie viel. Dann käme es gar nicht raus. Aber wenn er es doch merkt? Er darf es nicht merken, sonst ...*

Philipp schaute sich um. Bisher hatte ihn noch niemand gesehen. Das war seine Chance.

Ich muss das Geld zurücktun. Aber wie komme ich in die Kabine? Zur Tür kann ich nicht hinein, sonst entdecken sie mich.

Er humpelte an die Hinterfront des Gebäudes. Dort stand manchmal ein Fenster offen, damit es drinnen nicht ganz so streng nach Schweiß roch. Philipp hatte Glück. Aber es war gar nicht so einfach, mit seinem verletzten Fuß durch das Fenster zu steigen. Nur mit viel Mühe schaffte er es. Er bückte sich, damit man ihn von draußen nicht sehen konnte, schlich zu Müslis Tasche und suchte nach dem Geldschein.

»Verdammt noch mal, wo ist er denn?« Philipp war so mit Suchen beschäftigt, dass er nicht bemerkte, wie jemand in die offen stehende Tür trat.

Unter dem Einlegeboden fand Philipp den Geldschein endlich. Es waren 20 Euro.

»Was machst du denn da?«

Philipp schnellte herum und starrte Louis mit aufgerissenen Augen und offenem Mund an.

Louis drehte sich um und lief hinaus. »Papa! Papa! Philipp hat 20 Euro aus Müslis Tasche gestohlen!«

Philipp humpelte schnell zu der Jacke des Trainers, nahm die Geldbörse heraus, schob den Schein hinein und steckte die Geldbörse wieder in die Seitentasche. Puh, das war geschafft. Er wischte sich den Schweiß von der Stirn und hörte, wie die anderen angelaufen kamen. Er konnte gerade noch sein Hemd vom Haken nehmen, da stand der Trainer schon in der Tür. Hinter ihm drängelten sich Philipps Mannschaftskameraden.

Maximilian zwängte sich vor. »Philipp klaut nicht, schon gar nicht bei einem Freund!«

»Ich hab's doch gesehen«, sagte Louis.

Sein Vater trat in die Kabine und hinter ihm die Jungs. Alle Augen waren auf Philipp gerichtet. Nur Müsli schaute zu Boden.

»Was hast du gesehen?«

»Wie Philipp einen 20-Euro-Schein aus Müslis Tasche genommen hat.«

»Stimmt das?«, fragte der Trainer.

Philipp antwortete nicht. Seine Augen suchten Müsli, der wie ein Häufchen Elend zwischen den anderen stand.

»Philipp, ich will wissen, ob das stimmt.«

Philipp nickte. »Aber ich habe das Geld nicht gestohlen.«

»Sondern?«, sagte der Trainer.

Philipp schluckte.

»Ich ... ich habe ...«, stotterte Müsli.

»Es war meins!«, fiel ihm Philipp ins Wort.

»Deins?«, fragte der Trainer überrascht.

»Das glaubst du ja selber nicht«, sagte Louis.

»Wenn Philipp sagt, es war seins, dann war es auch seins!«, fuhr Maximilian Louis über den Mund.

»Genau«, stimmte ihm Lunge zu.

»Nun mal langsam«, sagte der Trainer. »Ich finde es ja ganz schön, dass ihr eurem Freund so bedingungslos glaubt. Aber ich wüsste schon gern, wie sein Geld in Felix' Tasche kommt.«

Philipp knetete das Hemd in seinen Händen. Da hatte er die rettende Idee: »Das war so«, begann er. »Ich wollte mein Hemd holen, das Maximilian am Samstag hier vergessen hat. Als ich es vom Haken genommen habe, ist es mir runtergefallen und dabei ist der Geldschein rausgerutscht, den ich in der Brusttasche stecken hatte. Und zwar in Müslis Tasche!«

»Pah!«, machte Louis und man sah ihm an, dass er Philipp kein Wort glaubte.

Auch an den Gesichtern der anderen konnte Philipp sehen, dass die meisten seine Erklärung nicht besonders überzeugend fanden.

Der Trainer sah Müsli an. »Hast du denn 20 Euro in deiner Tasche gehabt?«

»Ich ... äh ... ja ... nein«, stotterte Müsli.

»Ja, was denn nun?«, fragte der Trainer. »Das musst du doch wissen.«

Jetzt waren alle Augen auf Müsli gerichtet. Der sah, dass Philipp heftig den Kopf schüttelte, und sagte: »Nein.«

»Wirklich nicht?«, fragte der Trainer noch mal. »Überleg es dir genau!«

»Nein«, wiederholte Müsli.

»Also gut«, sagte der Trainer. Und als ob er eine bestimmte Ahnung hätte, ging er zu seiner Jacke und holte seine Geldbörse heraus.

Müsli wurde noch blasser. Kreidebleich beobachtete er, wie der Trainer seine Scheine zählte und die Geldbörse wieder in die Jacke steckte.

»Das war wohl ein dummes Missverständnis«, sagte er schließlich. »Ich bin froh, dass es nur ein Missverständnis war. Denn seine Mannschaftskameraden zu beklauen, wäre ja das Allerletzte.«

»Ich hab doch gleich gesagt, dass Philipp nicht klaut«, sagte Maximilian und guckte Louis grimmig an.

»Im ersten Augenblick hat es aber doch sehr danach ausgesehen«, nahm der Trainer seinen Sohn in Schutz. »So, jetzt machen wir weiter mit dem Training!«

Die Jungs trotteten hinaus und sofort ging das Gerede los.

Doch der Trainer scheuchte sie über den Platz, dass ihnen schnell die Luft dazu ausging.

Philipp stand noch kurz am Spielfeldrand, dann fuhr er nach Hause.

Eine Stunde später läutete es an der Haustür. Müsli stand draußen.

»Komm rein«, sagte Philipp und ging voraus in sein Zimmer.

Müsli drückte die Tür hinter sich zu und blieb unschlüssig stehen.

»Mannomann!«, sagte Philipp nur und setzte sich auf sein Bett.

Müsli rührte sich nicht. Da gab Philipp seinem Schreibtischstuhl mit dem Fuß einen Stoß, dass er in Richtung Müsli fuhr.

»Du bist vielleicht ein Idiot!«

»Ich weiß«, murmelte er kleinlaut.

»20 Euro!«

»Wieso hast du denn gewusst, dass ich ...«

»Dass du sie geklaut hast?«

»Nicht so laut«, bat Müsli.

Philipp erzählte ihm die ganze Geschichte.

»Danke, dass du mich nicht verraten hast – obwohl ich in letzter Zeit ein paarmal ziemlich fies zu dir war«, fügte Müsli leise hinzu.

»Das hat doch damit nichts zu tun«, sagte Philipp. Dann fragte er: »Brauchst du so dringend Geld?«

Müsli nickte.

»Wofür?«

»Na ja, weißt du ...« Müsli kam ins Stocken und lief rot an. »Bei uns zu Hause ist im Augenblick ziemlich Ebbe. Erst die Geschichte mit dem Auto, das hat jetzt nämlich total den Geist aufgegeben. Und dann ... Mein Vater verliert seinen Job. Die machen die ganze Abteilung dicht. Da kann ich wirklich nicht nach Geld für mich fragen.«

Wieder brach er ab und schien zu überlegen, wie er es erklären könnte.

»Ihr anderen, ihr habt doch alle Kohle, genug jedenfalls, um was zu machen und so. Und wenn ich da nicht mehr mithalten kann ...« Er holte tief Luft und setzte ein schiefes Grinsen auf.

»Na, und da hab ich mir gedacht, der Trainer ist mir sowieso noch was schuldig – sozusagen Schmerzensgeld für die Ohrfeige damals.«

Philipp fand das gar nicht zum Lachen. »Aber Klauen ist keine Lösung«, meinte er.

»Weiß ich auch.«

Eine Weile saßen die beiden nur da und sagten kein Wort. Bis Philipp die Frage stellte, die ihn schon die ganze Zeit beschäftigte: »War es ... hast du ... hast du schon mal geklaut?«

Müsli schüttelte sofort den Kopf. »Noch nie!« Und nach einer Pause murmelte er: »Warum musste der seine Geldbörse auch ausgerechnet vor meinen Augen in seine Jacke stecken?«

Darauf antwortete Philipp nicht. Stattdessen sagte er: »Du könntest jobben, Werbeblätter austragen oder sonst etwas tun. Wir helfen dir auch dabei, wenn es ganz dringend ist. Aber fang bloß nicht an zu klauen!«

Müsli nickte. »Das von heute hat mir gereicht.«

14. Kapitel

Philipp nutzte die fußballlose Zeit zum Lesen. Er nahm sich *Der Bleisiegelfälscher* vor. Doch die Geschichte machte ihm große Schwierigkeiten. Manche Seiten las er zwei- oder dreimal, trotzdem blieben die Menschen ihm fern. Ihre Probleme hatten mit seinem Leben einfach nichts zu tun. Nach 85 von 422 Seiten legte er das Buch zur Seite. Aber irgendetwas in ihm sträubte sich dagegen, einfach aufzugeben. Was hatte der Lamparther neulich gesagt? Wenn früher nicht Menschen gegen Unrecht und Unterdrückung gekämpft hätten, hätten wir heute nicht so viele Rechte und Freiheiten. Aber das begreifen manche eben nicht.

Philipp nahm das Buch wieder in die Hand, auch Samira zuliebe, und las weiter von dem Gesellen Niklas und seinem Meister Kratzer, vom Loderhandwerk, von armen Webern und reichen Handelsherren, vom Leben in der Freien Reichsstadt Nördlingen im Jahre 1613. Das interessierte ihn nicht die Bohne. Und er fragte sich immer wieder, was Samira an dieser Geschichte so spannend fand. Ihm war sie viel zu lang und alle Beschreibungen fand er zu ausführlich. Das sagte er Samira, als sie sich das nächste Mal bei »ihrer« Bank am Waldrand trafen.

Samira wunderte sich. »Versteh ich nicht. Ich hab das Buch in einem Rutsch durchgelesen.«

»Ich kann irgendwie nichts damit anfangen.« Philipp zog die Schultern hoch. »Ist das schlimm?«

»Quatsch«, sagte Samira. »Schlimm wäre es, wenn du so tun würdest, als hättest du das Buch gelesen und würdest es ganz toll finden.« Sie streichelte zärtlich über Philipps Hand. »Ich find's gut, dass du ehrlich bist.«

Philipp fühlte sich wieder ganz leicht, wie meistens, wenn er mit Samira zusammen war. Er hatte ein wenig Bammel gehabt, Samira könnte enttäuscht sein, wenn er ihr ehrlich seine Meinung zu dem Buch sagen würde. Jetzt war er unheimlich froh, dass er es getan hatte.

Die beiden saßen eine Zeit lang nebeneinander.

Bis Samira vorsichtig fragte: »Hast du was?«

Philipp nickte.

Samira sah ihn fragend an. »Wegen dem Buch?«

»Nein.« Philipp wurde ein wenig rot. »Ich habe ein Gedicht für dich.«

»Wirklich?«

»Mhm«, machte Philipp, griff in die Brusttasche, holte ein Blatt Papier heraus – und zögerte.

»Darf ich's lesen?«

Philipp gab ihr das Blatt. Samira faltete es auseinander und las mit den Augen:

Samira

Seit ich dich fühle, ist alles hell
und weich und leicht.
Wenn du nicht bei mir bist, höre ich
deine Worte in mir,
sehe ich deine Augen vor mir,
spüre ich deine Hände auf mir,
dann bist du wieder bei mir.

»Schön«, sagte Samira und gab Philipp einen schnellen Kuss auf die Backe.

Philipp hätte Samira gern richtig geküsst. In Gedanken hatte er es auch schon oft getan. Da ging es ganz einfach. Aber in Wirklichkeit war es verdammt schwer.

»Darf ich das Gedicht behalten?«, fragte Samira.

»Klar«, antwortete Philipp. »Das schenk ich dir.«

»Danke.«

Auf dem Rückweg begegneten sie Maximilian und Lunge, die gerade vom Training kamen.

»Hey!«, begrüßten sie sich.

»Wo habt ihr denn Müsli gelassen?«, fragte Philipp.

»Der mäht seiner Nachbarin den Rasen!«, antwortete Lunge mürrisch.

»Na prima!«, meinte Philipp.

»Spinnst du?«, fragte Lunge.

»Du ... äh ...« Maximilian schaute von Samira zu Philipp. »Wir müssen etwas mit dir bereden.« Samira begriff schneller als Philipp, was er wollte. »Ich muss sowieso nach Hause«, sagte sie. »Tschüss dann, bis morgen!«

»Tschüss!«

Als Samira weg war, fragte Philipp: »Was gibt's denn so Geheimnisvolles?«

»Mit Müsli stimmt etwas nicht«, platzte Lunge heraus.

»Der arbeitet für seinen Nachbarn und hilft beim Baugeschäft Wittmann. Heute war er nicht mal im Training. Der spinnt doch!«

Bevor Philipp etwas dazu sagen konnte, fragte Maximilian: »Du, Philipp, wie war denn das mit dem Geld in der Umkleidekabine?«

»So, wie ich es gesagt habe«, antwortete Philipp schnell. Zu schnell. Und er konnte Maximilian dabei nicht in die Augen sehen.

»Das glaub ich nicht«, sagte Maximilian. »Irgendetwas stimmt nicht an deiner Geschichte. Ich weiß nur noch nicht, was. Aber Müsli hat etwas damit zu tun, da bin ich ziemlich sicher.«

»Müsli?«, fragte Lunge erstaunt. »Spinnt ihr denn jetzt alle?«

Maximilian reagierte nicht darauf und schaute Philipp an.

»Stimmt's?«

Obwohl Philipp sich vorgenommen hatte, keinem etwas von der Sache zu verraten, nickte er jetzt. Er konnte seinen besten Freund einfach nicht anlügen und erzählte die ganze Geschichte.

Lunge konnte es nicht fassen. »So ein Idiot! Und warum hat er uns denn die Sache mit seinem Vater nicht erzählt? Wir sind doch seine Freunde.«

»Das hab ich auch zu ihm gesagt«, murmelte Philipp.

»Aber das mit dem Geld vom Trainer ist ja gerade noch mal gut gegangen. Außer uns vier weiß niemand etwas davon. Und es darf auch niemand etwas erfahren.«

»Und er?«, fragte Maximilian. »Darf er erfahren, dass Lunge und ich es jetzt auch wissen?«

»Lieber nicht«, meinte Philipp.

»Aber wie sollen wir ihm dann helfen?«, fragte Lunge. »Das würde ihm doch auffallen.«

»Ich glaube nicht, dass er in diesem Fall unsere Hilfe will«, antwortete Philipp. »Das käme ihm vor, als hätten wir Mitleid mit ihm.«

»Und wenn er nicht mehr zum Training kommt?«, fragte Lunge.

»Das geht natürlich nicht«, sagte Philipp. »Aber das war heute bestimmt eine Ausnahme. Sonst müssten wir uns etwas einfallen lassen.«

Sie mussten sich nichts einfallen lassen. Müsli kam wieder regelmäßig ins Training. Und er legte sich mächtig ins Zeug. Seine Freunde hatten manchmal den Eindruck, er wolle beim Trainer etwas gutmachen.

Philipp freute sich, dass er nach seiner Verletzungspause wieder trainieren durfte, allerdings mit stark bandagiertem Knöchel. Um jedes Risiko zu vermeiden, machte er zusammen mit Sandro, der ebenfalls leicht verletzt war, nur Lauftraining, Gymnastik und ungefährliche Technikübungen. Bei den Wettspielen mit dem Ball hatten die beiden Pause.

Zum letzten Punktspiel der Saison fuhren sie also wieder in Bestbesetzung. Und zum ersten Mal fuhr Philipps Vater mit zu einem Auswärtsspiel. Der alte Opel von Müslis Vater hatte ja den Geist aufgegeben und er wäre dem Trainer sowieso zu unsicher gewesen. Er hatte die nervenzerrende Warterei vom Spiel gegen Tübingen noch zu gut in Erinnerung – und die Jungs ebenso.

Ravensburg war nicht so stark wie erwartet. Vielleicht lag es auch daran, dass sie als Tabellenvierter nicht mehr Staffelsieger werden konnten. So hatten die Albstädter bei ihrem 6:1-Sieg wenig Mühe. Ob der Sieg allerdings für die Staffelmeisterschaft reichte, hing vom Ausgang der Begegnung zwischen Ulm und Tübingen ab. Deswegen konnten die Jungs sich auch noch nicht so richtig freuen.

Der Trainer hatte schon während des Spiels dreimal in Ulm angerufen. Beim ersten Mal hatte Tübingen 1:0 geführt, was dem FC 07 zur Meisterschaft reichen würde. Beim zweiten und dritten Anruf hatte sich jeweils eine Frau gemeldet, die sehr gebrochen Deutsch sprach und keine Ergebnisse kannte. Jetzt hing der Trainer wieder am Handy und war dabei umringt von den Jungs. Wieder war die Frau mit dem gebrochenen Deutsch am Apparat.

»Holen Sie bitte jemanden vom Verein!«, flehte er sie an.

Es dauerte eine Weile, bis sich ein Mann meldete.

»Ja, hier Ortlieb vom FC 07 Albstadt!«, rief der Trainer aufgeregt. »Können Sie mir bitte sagen, wie Ihre B-Jugend gegen Tübingen gespielt hat?«

Alle Augen hingen am Trainer und warteten auf seine Reaktion.

»Hurra!«, rief er und riss die Arme hoch. »Wir haben's geschafft!«

Die Jungs schrien, sprangen, hüpften und tanzten wild durcheinander. Ein paar Minuten lang glich das Klubhaus des FV Ravensburg einem Tollhaus. Doch das war verständlich, denn nach dieser schweren Saison mit ein paar herben Rückschlägen zählte der Gewinn der Staffelmeisterschaft für die Jungs und den Trainer doppelt.

15. Kapitel

Als Meister der Verbandsstaffel Süd musste der FC 07 Albstadt gegen den Meister der Verbandsstaffel Nord antreten, um den Württembergischen Meister zu ermitteln. Das war diesmal die B-Jugend vom VfB Stuttgart. Wo gespielt wurde, entschied das Los – und es fiel auf Stuttgart. Die Jungs des FC 07 freuten sich riesig. Natürlich wussten sie, dass sie gegen den VfB nur Außenseiter waren. Aber das störte sie überhaupt nicht. Allein die Vorstellung, in der Mercedes-Benz Arena spielen zu dürfen, machte sie ganz kribbelig. Und als sie auch noch erfuhren, dass ihr Endspiel als Vorspiel des Bundesligaspiels VfB Stuttgart gegen Bayern München stattfinden würde, waren sie völlig aus dem Häuschen.

»Da kommt bestimmt auch der Bundestrainer«, meinte der Blitz aus Bitz.

»Dann pass nur auf, dass du nicht zu schnell rennst, sonst sieht er dich gar nicht«, flachste Tomate. »Der Bundestrainer kann nämlich nicht so schnell gucken.«

Sogar der sonst so ruhige Sandro ließ sich von der Begeisterung anstecken. »Vielleicht werden wir ja richtig entdeckt«, jubelte er.

»Und nächstes Jahr spielen wir alle beim VfB!«, rief Lunge.

»Ich geh lieber zu Bayern«, sagte Damir und wurde dafür von den VfB-Fans ausgebuht.

Die Stimmung in der Mannschaft war fantastisch. Die Vorfälle der vergangenen Wochen schienen vergessen. Auch die 20-Euro-Geschichte wurde von keinem mehr erwähnt, obwohl vor allem Louis nach wie vor überzeugt war, dass Philipp das Geld hatte klauen wollen. Aber wen interessierte das jetzt noch? Jetzt zählte nur noch eines: das Endspiel!

Die Jungs konnten den großen Tag kaum erwarten. Aber die Zeit kroch nur im Schneckentempo voran. Die Stunden in der Schule waren noch länger als sonst, die Nachmittage zogen sich träge dahin und die Abende wollten kein Ende nehmen. Das galt auch für Philipp, obwohl der viel Zeit mit Samira verbrachte.

Trotz allem war der große Tag irgendwann da. Der Verein hatte für die Mannschaft und ihre Fans einen Bus organisiert. Und plötzlich hatte die Mannschaft sehr viele Fans. Waren sonst bei den Auswärtsspielen in der Regel nur die fahrenden Väter dabei, wollte jetzt der gesamte Vorstand nebst Familien mitfahren. Da die meisten Eltern und viele Geschwister der Spieler auch dabei sein wollten, reichten die Plätze nicht aus.

Samira wollte an diesem wichtigen Tag natürlich auch gern bei Philipp sein. Doch als sie die vielen Leute sah, zog sie sich zurück. »Dann bleibe ich hier.«

»Du kommst mit«, sagte Philipp und nahm Samira an der Hand. »Dich brauche ich doch, wenn ich gut spielen soll.«

An der Bustür gab es ein heftiges Gedränge und Geschubse.

»Vielleicht lassen Sie die Spieler zuerst hinein!«, rief Müslis Vater und schüttelte den Kopf über die Unvernunft mancher Erwachsener. »Die sind ja heute wohl wichtiger als wir!«

»Das meine ich doch auch«, unterstützte ihn Herr Fleischer, der Jugendleiter.

Das sahen natürlich alle ein, aber trotzdem wären sie gern im Bus mitgefahren. Erst, als sich ein paar Erwachsene bereit erklärten, mit Privatwagen zu fahren, war das Problem gelöst.

Die Mannschaft verzog sich nach hinten. Philipp zögerte einen Augenblick. Samira nahm ihm die Entscheidung ab. »Ich setz mich neben Nele.«

Philipp nickte. »Ist gut.«

Der Bus hatte die Stadt noch nicht verlassen, da rauschte es in den Lautsprechern.

»Ich freue mich«, begann der erste Vorsitzende, »dass nun doch noch alle ein Plätzchen gefunden haben und mitfahren können.« Er räusperte sich. »Lassen Sie mich bitte die Gelegenheit nutzen, um unserer B-Jugend noch einmal zu ihrer großartigen Leistung und zum Staffelsieg zu gratulieren.«

Zaghafter Beifall.

»Der Verein ist stolz auf euch«, fuhr der erste Vorsitzende fort. »Denn in der heutigen Zeit ist es ja alles andere als selbstverständlich, dass sich Jugendliche in eurem Alter so engagiert dem Sport widmen, wie ihr das tut. Die Anforderungen der Schule, die vielen Freizeitmöglichkeiten und nicht zuletzt die Verlockungen durch die Medien sind so groß, dass viele junge Menschen den Sport leider links liegen lassen. Sie wollen sich im Training nicht abrackern und plagen. Sie hängen lieber irgendwo rum und ziehen sich was rein, wie ihr es nennt.«

»Laber, laber«, murmelte Plattfuß.

»Aber unsere Gesellschaft braucht junge Leute wie euch, die nicht immer nur den leichten und bequemen Weg gehen, sondern bereit sind, für ein Ziel zu arbeiten, auch hart zu arbeiten, wenn es nötig ist. Und selbst wenn ihr heute verlieren solltet, sind wir stolz auf euch. Und ihr könnt es auch sein. Äh ... hm ... ja, das war's, was ich euch sagen wollte.«

Noch einmal zaghafter Beifall.

»Der hört sich am liebsten selber reden, wie mein Alter«, meinte Paul.

»So ein Gelaber geht mir immer am Arsch vorbei«, sagte Tomate und beendete damit das Thema.

Während der Fahrt kam Emilie nach hinten zu den Spielern. Sie kletterte ihrem Bruder, der in der letzten Reihe zwischen seinen Freunden saß, auf den Schoß und schaute die Jungs an.

Plötzlich sagte sie mit ernster Miene: »Ihr dürft Philipp aber nicht wieder so fest ans Bein treten, dass er ins Krankenhaus muss.«

Die Jungs lachten.

»Das war doch keiner von denen«, klärte Philipp sie auf. »Das war einer vom Gegner.«

»Was ist ein Gegner?«

Philipp seufzte.

»Einer von denen, gegen die man spielt«, antwortete Maximilian. »Heute spielen wir gegen den VfB Stuttgart ...«

»Das weiß ich doch«, unterbrach Emilie ihn. »Ich bin ja nicht dumm.«

»Die ist ja echt goldig«, sagte Niklas.

»Richtig süß«, meinte auch Emre, der Torwart.

»Ich bin nicht süß«, widersprach Emilie. »Ich bin ja nicht aus Zucker.«

Wieder lachten die Jungs und Emilie genoss es sichtlich, für eine Weile im Mittelpunkt zu stehen.

Gut eineinhalb Stunden später hielt der Bus vor der Mercedes-Benz Arena.

»Mensch«, sagte Lunge zu Müsli und Maximilian, »das hätte ich nicht gedacht, dass wir so bald wieder hier sind – und dann auch noch dadrin spielen dürfen.«

»Ich auch nicht.« Mehr brachte Müsli nicht heraus.

Die Mannschaft ging mit Herrn Fleischer und dem Trainer zu den Umkleidekabinen. Die anderen folgten dem ersten Vorsitzenden, der die reservierten 50 Gästekarten abholte.

Bevor die Jungs in der Kabine verschwanden, wollten sie wenigstens einen Blick ins Stadion werfen.

»Puh!«, machte Maxim nur.

»Toll!«, meinte Emre.

Die anderen sagten gar nichts. Sie guckten nur mit großen Augen.

»Das sieht alles viel größer aus als im Fernsehen«, murmelte Sandro.

Auf den Zuschauerrängen saßen erst wenig Leute. Aber auf dem Rasen liefen schon Spieler auf und ab.

»Sind sie das?«, fragte Philipp.

»Wahrscheinlich«, antwortete der Trainer. »Die machen sich schon warm. Also los, ab mit euch zum Umziehen!«

In der Kabine fasste er noch einmal kurz zusammen, was sie im letzten Training besprochen hatten: »Wir beginnen mit Maximilian als einziger Spitze. Dahinter kommt die erste Viererkette, wobei Philipp und Louis mit nach vorne gehen, sobald sich eine Möglichkeit bietet. Lukas und Felix sichern im Mittelfeld ab. Dahinter kommt die zweite Viererkette. Ihr bleibt zumindest in den ersten 15 bis 20 Minuten hinten. Auch du, Jonas, ist das klar?«

Der Blitz aus Bitz nickte.

»Sandro spielt letzter Mann und räumt hinten auf«, fuhr der Trainer fort. »Wenn wir den ersten Ansturm überstanden haben, können wir uns langsam mehr nach vorn orientieren. Aber zuerst gilt es mal, kein frühes Tor zu kassieren.«

Die Jungs nickten zwar, aber sie waren viel zu aufgeregt, um ihrem Trainer wirklich zuzuhören. Sie wollten endlich aufs Spielfeld. Als sie durch den Gang hinausgingen, kamen sie sich vor wie Nationalspieler. Das war ein tolles Gefühl. Sie liefen sich zuerst einmal warm, machten Dehn- und Streckübungen. Dabei schielten sie immer wieder zu den VfB-Spielern.

»Siehst du, die haben auch nur zwei Beine«, sagte Maximilian zu Damir, der seit Tagen ganz schön Lampenfieber hatte.

»Ja, aber ...«

»Und sie spielen auch nur mit elf Mann, genau wie wir.«

Damir guckte zu den Zuschauerrängen hoch. »Hoffentlich kommen nicht so viele Leute, sonst treffe ich keinen Ball.«

»Red keinen Quatsch«, sagte Maximilian. »Was gehen denn dich die Leute an? Hier unten wird gespielt, nicht da oben.«

Damir schluckte.

Natürlich war auch Maximilian nervöser als vor einem

normalen Spiel, genau wie alle anderen. Aber als Mannschaftskapitän durfte er das nicht so zeigen und musste helfen, die größten Nervenbündel zu beruhigen.

Während die Jungs ihre Dehn- und Streckübungen machten, kam der VfB-Trainer in ihre Hälfte. »Seid ihr nicht die drei«, fragte er Müsli, Lunge und Maximilian, »die neulich hier waren und sich nach dem Robert Romer erkundigt haben?«

Alle drei nickten.

»Und? Was habt ihr mit ihm gemacht?«

»Wir haben ihn zum Teufel gejagt«, antwortete Lunge.

»Das war das Beste, was ihr tun konntet«, meinte der VfB-Trainer. »Der hätte bestimmt nur Ärger gemacht.«

»Nochmals vielen Dank für Ihre Hilfe«, sagte Maximilian.

»Gern geschehen. Jetzt bin ich mal gespannt, ob ihr auf dem Spielfeld auch so zäh und gewitzt seid wie als Detektive.«

»Sind wir«, sagte Lunge sofort.

Der VfB-Trainer schmunzelte. »Na, dann müssen sich meine Jungs aber gewaltig anstrengen.«

»Der ist aber nett«, wunderte sich Emre, als der VfB-Trainer weg war.

»Klar«, sagte Lunge. »Haben wir euch doch gesagt.«

Philipp lief mit dem Ball am Fuß zur Außenlinie und entdeckte den Albstädter »Fan-Block«. Seine Eltern und Emilie saßen etwa in der Mitte und winkten ihm zu. Samira saß ein paar Meter entfernt zwischen Nele und Müslis Vater.

Für Philipp war es wichtig, dass Samira und sein Vater hier waren. Wenn er dagegen an seine Mutter dachte, beschlich ihn eher ein unangenehmes Gefühl. Sie hatte Angst um ihn und würde bestimmt bei jedem Zweikampf leiden. Aber der Vater hatte sie gebeten, heute trotz allem mitzufahren, und er fand es toll, dass sie überhaupt bereit dazu gewesen war.

Der Schiedsrichter pfiff Philipp aus seinen Gedanken. Er winkte die Spieler zu sich an den Spielfeldrand. »In zwei Minuten laufen wir ein. Und damit das alles auch nach etwas aussieht, stellt ihr euch hinter euren Spielführern in zwei Reihen auf. In der Platzmitte halten wir. Die Stuttgarter stellen sich rechts neben mich, die Albstädter links. So wie ihr es bei Länderspielen im Fernsehen bestimmt schon gesehen habt. Dann begrüßt ihr die Zuschauer mit einer kurzen Verbeugung. Noch Fragen dazu?«

Keiner hatte eine Frage.

»Spielt fair und meckert nicht herum«, fuhr der Schiedsrichter fort, »damit ich nicht viel zu tun habe.« Er zog die Rote Karte. »Die möchte ich nämlich keinem zeigen müssen.«

Die Jungs tänzelten nervös auf der Tartanbahn herum.

»Also dann«, sagte der Schiedsrichter. »Packen wir's!« Er lief mit den beiden Linienrichtern voran, die Mannschaften folgten.

Inzwischen waren schon einige Hundert Zuschauer da. Sie empfingen die Mannschaften mit einem freundlichen Applaus. Gleichzeitig begann der Stadionsprecher: »Liebe Fußballfreunde, wir begrüßen Sie recht herzlich zum Endspiel um die Württembergische Meisterschaft der B-Jugend. Dieses Endspiel bestreiten der FC 07 Albstadt und der VfB Stuttgart.« Dann las er die Namen sämtlicher Spieler vor. Die Albstädter Jungs konnten es kaum glauben.

»Seht mal, da!« Philipp zeigte zu der großen Anzeigetafel, auf der ihre Namen leuchteten.

»Das ist ja wie bei einem Länderspiel«, flüsterte Lunge.

»Fehlt nur noch die Hymne«, sagte der Blitz aus Bitz. Und diesmal machte keiner einen dummen Witz über ihn.

Maximilian verlor natürlich auch diesmal wieder die Platzwahl.

»Das ist ein gutes Zeichen«, meinte Philipp und zwinkerte. »Sollen wir es auch heute probieren?«

Maximilian wusste, was Philipp meinte. »Ich hab noch eine bessere Idee. Müsli, komm mal her!«

Müsli kam zum Anspielpunkt gelaufen. Seit der 20-Euro-Geschichte war er viel ruhiger geworden.

Maximilian verklickerte den beiden kurz seine Idee.

»Beide Mannschaften fertig?«, fragte der Schiedsrichter und pfiff das Spiel an.

Philipp schob den Ball zu Müsli. Dann liefen er und Maximilian los. Müsli tänzelte ein paar Schritte rückwärts. Es sah aus, als wüsste er nicht, wohin mit dem Ball. Doch bevor der erste Stuttgarter ihn angriff, schlug Müsli einen langen Pass nach vorn und rief: »Maxi!«

Maximilian schaute im Laufen zurück, sah den Ball angeflogen kommen, musste mehr nach außen gehen, stieg hoch und erwischte ihn gerade noch mit den Haarspitzen. Aber das reichte, um seine Flugbahn so zu verändern, dass zwei Stuttgarter das Nachsehen hatten. Lachender Dritter war Philipp, der den Ball unter Kontrolle brachte und allein auf das Stuttgarter Tor zustürmte. Der Torwart verkürzte zwar noch den Winkel, aber gegen Philipps platzierten Flachschuss war er trotzdem chancenlos.

32 Sekunden nach dem Anpfiff führten die Albstäd-

ter 1:0 und konnten es fast nicht glauben. Sie brauchten ein paar Sekunden, bis sie sich freuen konnten. Auch die Zuschauer waren von dem Blitztor völlig überrascht. Deswegen kam der Torschrei aus dem Albstädter Fan-Block erst mit etwas Verspätung.

Die Stuttgarter standen wie begossene Pudel auf dem Platz. Bevor auch nur einer von ihnen den Ball berührt hatte, musste ihr Torwart ihn schon aus dem Netz holen. Das war ihnen noch nie passiert.

»Das gibt Rache«, drohte ein Stuttgarter.

»Das möchte ich nicht gehört haben!«, sagte der Schiedsrichter und pfiff das Spiel wieder an.

In den nächsten Minuten wirkten die Stuttgarter sehr gehemmt. Das Tor hatte sie anscheinend ziemlich verunsichert. Sie spielten so, als erwarteten sie jede Sekunde wieder so einen hinterhältigen Trick.

»He, die wackeln«, sagte Philipp zu Müsli und Lunge. »Los, wir machen Druck!«

»Aber der Trainer hat ...«

»Geh!«, rief Philipp und spielte den Ball in den freien Raum, dass Müsli rennen musste, um ihn zu erreichen. Mit dem Ball am Fuß überquerte er die Mittellinie. Maximilian bot sich auf halb rechts zum Doppelpass an, Philipp ging in die Mitte und wurde sofort von zwei Mann abgedeckt. Dafür gab es auf der linken Seite Platz für Louis.

»Lauf!«, rief Lunge.

Aber Louis blieb in der eigenen Hälfte stehen. Da spurtete Lunge los und hob den Arm. Müsli sah ihn, schlug sofort eine Flanke quer über das Spielfeld und riss damit die Stuttgarter Abwehr völlig auf. Lunge stoppte den Ball, ließ einen Abwehrspieler aussteigen, drang in den Strafraum ein und konnte nur noch durch ein Foul gestoppt werden.

Die meisten Albstädter Fans sprangen von ihren Sitzen, schimpften und pfiffen den Stuttgarter aus. Auch der Schiedsrichter hatte sofort gepfiffen und auf den Elfmeterpunkt gezeigt. Jetzt winkte er den Übeltäter zu sich, sagte ihm ein paar deutliche Worte und zog die Gelbe Karte. Damit konnte der Stuttgarter sehr zufrieden sein, denn bei diesem Foul wäre auch Rot möglich gewesen.

Müsli hatte in dieser Saison bisher alle Elfmeter verwandelt. Aber jetzt zögerte er.

»Was ist?«, fragte Philipp.

»Schieß du ihn lieber!«, bat Müsli.

»Spinnst du?«, fragte Philipp. »Du bist unser sicherster Elfmeterschütze. Und du haust den jetzt rein. Klar!«

»So wie immer«, ermunterte ihn auch Maximilian.

Müsli legte den Ball auf den Punkt, ging ein paar Schritte rückwärts, atmete hörbar aus und lief an. Der Torwart tat so, als würde er in die linke Ecke hechten, doch dann flog er nach rechts. Dieses Täuschungsmanöver bemerkte Müsli überhaupt nicht. Er hielt einfach voll drauf und der Ball zischte mit so einer Wucht unter die Latte, dass sich das Netz aufbäumte. Müsli riss die Arme hoch und ließ einen Schrei los, als wäre in diesem Augenblick eine Zentnerlast von ihm gefallen. Sekunden später lag er am Boden, zugedeckt und fast erdrückt von seinen Freunden und Mannschaftskameraden. Der Schiedsrichter musste mehrmals laut pfeifen, bis sich dieses Menschenknäuel wieder entwirrt hatte.

Auf dem Weg in die eigene Hälfte sagte Philipp zu Müsli: »Na, was hab ich gesagt? Du schaffst es!« Müsli strahlte über das ganze Gesicht.

Am Spielfeldrand stand der Trainer und rief: »Ihr dürft nicht zu offensiv spielen! Jetzt werden sie Druck machen, passt also hinten auf und spielt so, wie wir es besprochen haben!«

Natürlich machten die Stuttgarter Druck, was sollten sie sonst tun? Aber sie versuchten es mit der Brechstange und immer durch die Mitte. Da standen Maxim, Tomate und Sandro wie eine Mauer. Und was die drei nicht wegputzten, schnappte sich Emre im Tor. Seine beste Tat vollbrachte er kurz vor dem Halbzeitpfiff. Der Stuttgarter Spielführer, den Lunge bis dahin völlig kaltgestellt hatte, schnitt einen direkten Freistoß ganz raffiniert an. Der Ball flog über die Mauer und in die rechte Torecke. Der Schütze reckte schon die Arme in die Höhe, da schnellte Emre hoch.

Er schien für ein paar Augenblicke die Schwerkraft zu überwinden, machte sich lang bis in die Fingerspitzen und lenkte den Ball um den Pfosten. Der Schütze stand noch ein paar Sekunden mit hochgereckten Armen auf dem Spielfeld und konnte nicht fassen, was er eben gesehen hatte. Die Albstädter gratulierten Emre zu dieser fantastischen Parade. Und von den Zuschauern bekam er für seine Glanztat viel Beifall.

Mit einer nie erwarteten 2:0-Führung gingen die Albstädter in die Kabine. Dort wurden sie von einem zufriedenen Trainer und einem strahlenden Jugendleiter empfangen.

»Ihr wart großartig, Jungs!«, lobte sie Herr Fleischer. »Wenn ihr so weiterspielt, dann gewinnt ihr.«

»Langsam, langsam«, bremste ihn der Trainer. »Wir haben noch eine schwere zweite Halbzeit vor uns.«

»Das schon, aber ...«

Der Trainer unterbrach den Jugendleiter. »Die Jungs sollen jetzt ein bisschen abschalten und sich erholen.« Herr Fleischer sagte nichts mehr und verließ die Kabine. Auch der Trainer redete nicht viel. Er ging herum und achtete darauf, dass alle genügend tranken.

Dem einen oder anderen gab er einen aufmunternden Klaps. »Ihr habt wirklich prima gespielt – obwohl wir das ja anders besprochen hatten.« Dabei schaute er Philipp an. »Aber jetzt werden sie kommen, um möglichst schnell den Anschlusstreffer zu erzielen. Deshalb müssen wir hinten dichtmachen.«

»Wenn wir uns nur hinten reinstellen, können wir das 2:0 bestimmt nicht halten«, erwiderte Philipp.

Es gab eine kurze Diskussion über die Taktik in der zweiten Halbzeit.

Maximilian knuffte Philipp mit dem Ellbogen. Das genügte.

Auf dem Weg zur zweiten Halbzeit sagte Maximilian: »Er mag es nicht, wenn man ihm widerspricht, das weißt du doch.«

»Ich mag auch manches nicht«, sagte Philipp.

Und Lunge meinte: »Wenn wir so gespielt hätten, wie er es wollte, würden wir nicht 2:0 führen.«

»Pssst«, machte Müsli und deutete auf Louis, der hinter ihnen ging.

»Wir spielen weiter wie bisher«, flüsterte Philipp. »Dann gewinnen wir.«

Lunge nickte. »Angriff ist die beste Verteidigung, sagt

mein Alter immer. Und da hat er ausnahmsweise mal recht.«

Doch zum Angreifen kamen sie in den ersten zehn Minuten der zweiten Halbzeit nicht. Die Stuttgarter drängten mit aller Macht auf den Anschlusstreffer und schnürten die Albstädter in ihrer Hälfte regelrecht ein. Sie schossen aus allen Lagen, aber Emre schien zehn Hände zu haben. Er hielt einfach alles und brachte die VfB-Spieler fast zur Verzweiflung. Ihr Anstürmen wurde immer wilder und planloser. Keinen hielt es mehr hinten. Jeder wollte das so wichtige Tor erzielen. Einen knallharten Schuss konnte Emre nur noch mit den Fäusten abwehren. Der Ball flog auf die rechte Seite und rollte der Außenlinie entgegen. Da spurtete der Blitz aus Bitz plötzlich los, erreichte den Ball gerade noch und jagte mit ihm an der Linie entlang. Die viel zu weit aufgerückten Stuttgarter sahen nur noch seine Hacken. Zwei Abwehrspieler verfolgten ihn zwar, hatten aber keine Chance, ihn noch einzuholen. Der Blitz aus Bitz stürmte allein dem VfB-Tor entgegen, wo ihn der Torwart etwa am Elfmeterpunkt erwartete. Der Blitz versuchte einen Heber, traf den Ball jedoch nicht richtig, sodass der Torwart keine Mühe hatte, ihn zu fangen.

Der Blitz aus Bitz stand wie angewachsen und konnte es nicht fassen, dass er diese Riesenchance vergeben hatte. Auch seine Mannschaftskameraden wirkten ein paar Augenblicke wie geschockt. Das nutzten die Stuttgarter aus und erzielten den Anschlusstreffer.

»Noch 25 Minuten!«, rief der Stuttgarter Trainer an der Seitenlinie und wechselte zum zweiten Mal aus. »Spielt endlich ruhiger, ihr habt noch genug Zeit!«

Langsam füllte sich das Stadion, und je mehr Leute kamen, desto nervöser wurde Damir. Einmal schoss er den vor ihm stehenden Lunge an, einmal spielte er den Ball so scharf zu Emre zurück, dass der sich lang machen musste, um ein Eigentor zu verhindern. Da nahm der Trainer Damir aus dem Spiel und schickte Niklas auf den Platz. Aber die linke Abwehrseite blieb der Schwachpunkt in der Albstädter Mannschaft.

Das merkten die Stuttgarter natürlich und griffen immer öfter über diese Seite an. Lunge rackerte zwar für zwei und auch Philipp hing weit zurück. Aber dadurch kamen sie kaum noch dazu, eigene Angriffe aufzubauen. Die Stuttgarter spielten zunehmend ihre technische Überlegenheit aus und der Ausgleich schien nur noch eine Frage der Zeit.

Die Stuttgarter Zuschauer feuerten ihre Jungs an. Da konnten die Bayern-Fans, von denen inzwischen einige Tausend im Stadion waren, natürlich nicht untätig bleiben. Sie feuerten die Albstädter Jungs kräftig an. Die legten sich mächtig ins Zeug und kämpften um jeden Ball.

»Noch fünf Minuten!«, rief der Trainer und gab Louis zu verstehen, dass er Lunge und Niklas auf der linken Abwehrseite mehr unterstützen solle.

»Sie schaffen es, sie schaffen es«, murmelte Müslis Vater immer wieder vor sich hin und drückte beide Daumen. Auch die meisten anderen Daumen im Albstädter Fan-Block wurden in den letzten Minuten kräftig gedrückt. Nur der erste Vorsitzende drückte keine Daumen. Er hatte stattdessen sämtliche Knöpfe seiner Jacke abgedreht.

Aber zwei Minuten vor Schluss half alles Daumendrücken nichts, die Stuttgarter erzielten den Ausgleich und lagen sich jubelnd in den Armen. Die Albstädter Fans und

Spieler sackten enttäuscht in sich zusammen. Sie waren so nahe dran gewesen.

»Kommt noch mal!«, feuerte der Trainer seine Jungs an. »Los, hinten aufpassen! Noch ist nichts verloren!«

Mit etwas Glück überstanden sie die letzten zwei Minuten.

Dann ließen sie sich erschöpft auf den Rasen fallen. Der Trainer und Herr Fleischer kamen mit Getränken angelaufen, versuchten, die Jungs wieder aufzubauen, massierten da und dort verspannte Muskeln.

»Verdammte Scheiße!«, brüllte Tomate.

»Wir hätten gewinnen können«, nuschelte der Blitz aus Bitz und war den Tränen nahe.

»Ihr könnt immer noch gewinnen«, sagte Herr Fleischer.

Der Trainer gab dem Blitz aus Bitz einen Klaps. »Hört mal zu, Jungs! Es steht 2:2, ist euch das klar? Wenn uns das vor dem Spiel einer gesagt hätte, hätten wir es nicht geglaubt. Das ist ein ganz großer Erfolg. Ihr habt in der zweiten Halbzeit hervorragend gekämpft. Und das dauernde Anrennen hat die Stuttgarter viel Kraft gekostet.«

»Uns aber auch«, murmelte Lunge.

»Mensch, Lunge«, sagte der Trainer und nannte Lukas damit zum ersten Mal bei seinem Spitznamen, »du hast doch noch Luft für zwei Verlängerungen! Du musst jetzt mit Philipp und Müsli Druck machen. Schaffst du das?«

»Klar!«

»Die Stuttgarter glauben doch bestimmt, wir würden uns jetzt nur noch hinten reinstellen und die Bälle wegbolzen. Aber da werden sie sich täuschen!«

»Genau!«, sagten einige.

Der Trainer deutete zum Albstädter Fan-Block. »Schaut

mal dorthin! Denen zeigt ihr jetzt, was in euch steckt! Und den anderen zeigt ihr es auch!«

»Los, wir packen's noch!«, sagte Maximilian.

»So, hoch mit euch! Bewegt eure Beine ein wenig, dass ihr nicht steif werdet!«

Philipp trabte an die Außenlinie. Er sah den hochgestreckten Daumen seines Vaters – und den seiner Mutter. Emilie winkte wie wild und rief ihm etwas zu, was er aber nicht verstehen konnte. Samira und Nele klatschten in die Hände, als wollten sie ihm damit sagen: Gut gemacht, weiter so! Das alles spornte Philipp unheimlich an.

Der Schiedsrichter bat beide Mannschaften, sich wieder aufzustellen. Und zur Überraschung der Stuttgarter machten die Albstädter vom Anpfiff an Druck. Vorne wechselten Maximilian und Louis ständig die Positionen und stifteten so in der VfB-Abwehr immer wieder Verwirrung. Müsli, Philipp und Lunge kurbelten das Spiel an. Alle drei schienen die dritte Luft zu bekommen.

Sekunden vor dem Seitenwechsel spielten Müsli und Philipp auf der rechten Seite mit einem doppelten Doppelpass gleich drei Stuttgarter aus. Dadurch hatte Müsli viel Platz. Er führte den Ball bis an die Torlinie, spielte im richtigen Augenblick in den Rücken der Abwehr zum mitgelaufenen Philipp, der den Ball überlegt ins Tor zirkelte.

Seine Mannschaftskameraden erdrückten Philipp fast. Sogar der Trainer und Herr Fleischer kamen aufs Spielfeld gerannt, um Philipp und Müsli zu gratulieren.

Der Schiedsrichter hatte Mühe, die Jungs wieder zu beruhigen. Sein energischer Pfiff beendete die erste Hälfte der Verlängerung.

Die Jungs gingen zum Spielfeldrand, um etwas zu trinken. Da entdeckte der Blitz aus Bitz plötzlich ein paar Bayern-Spieler und ihren Trainer. »He, seht mal dort!« Den Jungs verschlug es fast die Sprache.
»Joshua Kimmich«, murmelte Tomate ehrfurchtsvoll.
»Und Boateng.« Sandro staunte sein großes Vorbild an.
»Schon gut, schon gut«, sagte der Trainer. »Die sind jetzt nicht so wichtig. Ihr seid viel wichtiger. Und hier spielt die Musik! Lasst euch nicht ablenken. Ihr müsst die letzten zehn Minuten genauso konzentriert spielen wie bisher, dann schaffen wir's!«

Das war leichter gesagt als getan. Der VfB warf jetzt alles nach vorn. Einmal konnte Sandro für den schon geschlagenen Emre gerade noch auf der Linie retten, sodass der Torschrei den Stuttgartern im Halse stecken blieb. Ein andermal drosch Maxim den Ball in höchster Not einfach weg. Maximilian erwischte ihn und stürmte los. Keiner der weit aufgerückten Stuttgarter Abwehrspieler konnte ihn auf seinem Weg zum Tor noch einholen. Maximilian schaute sich kurz um und sah, dass er von hinten nichts zu befürchten hatte. Er lief langsamer, ließ den Torwart näher herankommen, zog den Ball jedoch mit der Schuhsohle zurück, umspielte den Torwart und schob den Ball ins leere Tor. Das war die Entscheidung. Die VfB-Spieler hatten nicht mehr die Kraft, das Blatt noch einmal zu wenden.

Nach dem Schlusspfiff wussten die Albstädter Jungs kaum, wohin mit ihrer Freude. Einige tanzten über den Platz, andere brüllten sich fast die Lunge aus dem Leib. Wieder andere saßen einfach auf dem Rasen und konnten es noch gar nicht fassen.

Im Albstädter Fan-Block lagen sich die Leute in den Armen, manche hatten Tränen in den Augen.

Der Stadionsprecher verkündete noch einmal das Ergebnis: »Liebe Fußballfreunde! Das Endspiel um die Württembergische Meisterschaft gewann die B-Jugend des FC 07 Albstadt nach Verlängerung mit 4:2 gegen die B-Jugend des VfB Stuttgart. Wir gratulieren dem neuen Württembergischen Meister mit einem dreifach kräftigen Hipp, hipp –«

»Hurra!«, riefen die Zuschauer dreimal im Chor.

Der Verbandsjugendwart hielt noch eine kleine Ansprache, aber die Albstädter Jungs bekamen davon kaum etwas mit. Dann überreichte er Maximilian den Meisterwimpel und jeder Spieler erhielt noch eine Medaille.

Auf dem Weg in die Kabine bekamen sie auch von den Spielern des FC Bayern München und des VfB Stuttgart Beifall.

»Tolle Leistung«, sagte Joshua Kimmich.

Thomas Müller klopfte Philipp und Müsli anerkennend auf die Schulter. »Euer Tor war wirklich super«, lobte er die beiden.

»Nur schade, dass ihr im falschen Verein spielt«, meinte Timo Baumgartl. »Solche Jungs wie euch könnten wir gut gebrauchen.«

»Hehe, nicht abwerben«, stichelte Müller. »Sonst wird der VfB noch zu gut.«

Die Albstädter Jungs standen mit roten Ohren zwischen den Bundesligastars und hörten dem Geplänkel zu, ohne dass sie selbst auch nur ein Wort herausbrachten.

Erst in der Kabine lösten sich die Zungen und alle redeten laut durcheinander.

»Mensch, habt ihr gehört, wie die uns gelobt haben«, sagte Lunge. »Die wollen uns beide haben.«

»Also ich geh zu den Bayern!«, rief Maximilian übermütig. »Mit dem Müller zusammen stürmen, das wär's!«

»Verräter!«, neckte ihn Lunge. »Wir wollten doch zum VfB gehen, damit der endlich mal wieder 'ne gute Mannschaft bekommt.«

»Ich geh lieber zu Dortmund«, sagte Tomate lachend.

»Ich hoffe, es bleiben noch ein paar von euch beim FC 07«, warf der Trainer ein. »Sonst steigen wir als frischgebackener Württembergischer Meister im nächsten Jahr in die Bezirksliga ab.«

Die Jungs lachten und Müsli reimte: »Wer glaubt denn hier an Geister? Der FC 07 wird noch Deutscher Meister!«

Ulli Potofski

Der beste Kicker des Universums
Auf sechs Beinen ins Finale

Manolo ist der heimliche Star seiner Fußballmannschaft. Was jedoch keiner ahnt, ist, woher der geniale Spielmacher von Viktoria Köln seine vielen Tricks kennt. Über seine Spielekonsole steht er im direkten Kontakt zu Weltfußballer Messi. Als ausgerechnet vor dem wichtigsten Saisonspiel die Verbindung zu Messi gekappt wird, muss Manolo beweisen, dass er seine Mannschaft auch alleine zum Sieg führen kann.

Auch als E-Book erhältlich

136 Seiten • Gebunden
ISBN 978-3-401-06957-9
www.arena-verlag.de

Katja Brandis
Woodwalkers

Carags Verwandlung

Gefährliche Freundschaft

Auf den ersten Blick sieht Carag aus wie ein normaler Junge. Doch hinter seinen leuchtenden Augen verbirgt sich ein Geheimnis: Carag ist ein Gestaltwandler. Aufgewachsen als Berglöwe in den Wäldern, lebt er erst seit Kurzem in der Menschenwelt. Das neue Leben ist für ihn so fremd wie faszinierend. Doch erst als Carag von der Clearwater High erfährt, einem Internat für Woodwalker wie ihn, verspürt er ein Gefühl von Heimat. Doch sein neues Leben steckt voller Gefahren ...

Das neue Schuljahr auf der Clearwater High beginnt. Voller Begeisterung stürzt Carag sich in die ersten Lernexpeditionen mit seinen Freunden. Doch nicht jeder ist glücklich über die Aktivitäten des jungen Puma-Wandlers. Sein ehemaliger Mentor Andrew Milling hat Rache geschworen und plötzlich fühlt Carag sich auf Schritt und Tritt beobachtet. Als die Lage sich immer mehr zuspitzt, bekommt Carag unerwartet Hilfe von Schneewölfin Tikaani. Aber kann ein Puma wirklich einer Wölfin trauen?

272 Seiten • Gebunden
ISBN 978-3-401-60196-0
Beide Bände auch als E-Books und als Hörbücher bei Arena audio erhältlich

Arena

280 Seiten • Gebunden
ISBN 978-3-401-60197-7
www.arena-verlag.de